中国高铁丛书

总顾问 / 傅志寰　总策划 / 郑 健　主 编 / 孙 章

高铁牵引供电系统

张明锐　张永健　王靖满　吴严严　著

上海科学技术文献出版社
Shanghai Scientific and Technological Literature Press

图书在版编目（CIP）数据

高铁牵引供电系统 / 张明锐等著 . —上海：上海科学技术文献出版社，2019
　（中国高铁丛书）
　ISBN 978-7-5439-7805-8

Ⅰ.① 高… Ⅱ.①张… Ⅲ.①高速铁路—牵引供电系统—介绍—中国 Ⅳ.① U238

中国版本图书馆 CIP 数据核字 (2018) 第 289616 号

"十三五"国家重点出版物出版规划项目
2018 年主题出版重点出版物
上海市新闻出版专项资金资助项目

选题策划：张　树
书稿统筹：张　树
责任编辑：王　珺
装帧设计：许　菲
手绘插图：汤思怡

高铁牵引供电系统
GAOTIE QIANYIN GONGDIAN XITONG
张明锐　张永健　王靖满　吴严严　著
出版发行：上海科学技术文献出版社
地　　址：上海市长乐路 746 号
邮政编码：200040
经　　销：全国新华书店
印　　刷：上海海红印刷有限公司
开　　本：787×1092　1/16
印　　张：14.25
字　　数：184 000
版　　次：2019 年 1 月第 1 版　2019 年 1 月第 1 次印刷
书　　号：ISBN 978-7-5439-7805-8
定　　价：92.00 元
http://www.sstlp.com

"中国高铁丛书"
出版工作团队

总顾问

傅志寰　中国工程院院士，原铁道部部长

顾　问

钟志华　中国工程院院士、副院长，同济大学原校长

奚国华　中国第一汽车集团有限公司党委副书记、董事、总经理
　　　　中国中车集团公司原副董事长、党委副书记
　　　　中国中车股份有限公司原总裁

贾世瑞　中国中车集团公司副总经理

总策划

郑　健　中国铁路总公司总工程师，国家铁路局原党组成员
　　　　2015年国家科技进步奖特等奖（京沪高速铁路工程）获得者

策　划

孙　章　同济大学老科学技术工作者协会会长，原上海铁道大学副校长

孙　星　北京铁道学会秘书长

兰　涛　上海铁道学会秘书长

金泰木　中车青岛四方机车车辆股份有限公司科技发展部副部长

张　树　上海科学技术文献出版社副总编辑（主持工作）

主　编

孙　章　同济大学老科学技术工作者协会会长，原上海铁道大学副校长

副主编

吴新民　原铁道部咨询调研组副巡视员，研究员

编撰团队

《走近中国高铁》

钱桂枫　中国铁路总公司工程管理中心副主任
蔡申夫　原铁道部工程设计鉴定中心主任
张　骏　中国铁路上海局集团有限公司建设处副处长，高级工程师
毛晓君　中国铁路上海局集团有限公司科学技术研究所工程师

《高铁线路工程》

郑　健　中国铁路总公司总工程师，国家铁路局原党组成员
　　　　2015 年国家科技进步奖特等奖（京沪高速铁路工程）获得者
王　峰　中国铁路总公司建设管理部主任
钱桂枫　中国铁路总公司工程管理中心副主任
许玉德　同济大学交通运输工程学院教授
毛晓君　中国铁路上海局集团有限公司科学技术研究所工程师

《高铁车站》

郑　健　中国铁路总公司总工程师，国家铁路局原党组成员
　　　　2015 年国家科技进步奖特等奖（京沪高速铁路工程）获得者
贾　坚　同济大学建筑设计研究院（集团）有限公司副总裁
魏　崴　同济大学建筑设计研究院（集团）有限公司轨道交通院总建筑师

《高速列车》

梁建英　中车青岛四方机车车辆股份有限公司副总经理、总工程师，教授级高级工程师，2015 年国家科技进步奖特等奖（京沪高速铁路工程）获得者
杨中平　北京交通大学教授
张济民　同济大学铁道与城市轨道交通研究院教授

《高铁牵引供电系统》

　　张明锐　　同济大学电子与信息工程学院教授
　　张永健　　中国铁路上海局集团有限公司供电处处长，高级工程师
　　王靖满　　中国铁路设计集团公司项目总工程师，教授级高级工程师
　　吴严严　　同济大学电子与信息工程学院硕士研究生

《高铁信号与控制》

　　陈永生　　同济大学计算机系教授
　　罗云飞　　中国铁路上海局集团有限公司总工程师室高级工程师
　　王先帅　　中国铁路上海局集团有限公司电务处工程师
　　郭金信　　中国铁路上海局集团有限公司电务处工程师
　　刘世太　　中国铁路上海局集团有限公司电务处工程师
　　陈伟革　　中国铁路上海局集团有限公司电务处处长，提待高工
　　吕永昌　　中国铁路上海局集团有限公司电务处提待高工
　　姚远黎　　中国铁路上海局集团有限公司电务段段长，高级工程师
　　胡细东　　中国铁路上海局集团有限公司电务处副处长，高级工程师
　　吴伟东　　中国铁路上海局集团有限公司电务处副处长，高级工程师
　　艾　武　　中国铁路上海局集团有限公司电务处副处长，高级工程师

《高铁运营组织与管理》

　　徐行方　　同济大学交通运输工程学院教授
　　蒲　琪　　同济大学《城市轨道交通研究》杂志社社长，高级工程师
　　汤莲花　　同济大学交通运输工程学院博士研究生

《中国高铁发展战略》

　　刘涟清　　原上海铁路局局长，原铁道部（中国铁路总公司）中美铁路项目协调组组长
　　蒲　琪　　同济大学《城市轨道交通研究》杂志社社长，高级工程师
　　孙　章　　同济大学老科学技术工作者协会会长，原上海铁道大学副校长

《高铁经济》

姚诗煌　　上海市科技传播学会原理事长，《文汇报》科技部原主任，高级记者

编辑顾问

叶　娟	中国中铁股份有限公司国际事业部总经理助理 中国铁道出版社版权中心原主任，国家铁路局原调研员
李中浩	中国城市轨道交通协会专家和学术委员会副主任，原铁道部电子中心主任
张跃玲	国家铁路局信息中心副主任，高级工程师
陈夏新	原京沪高速铁路股份有限公司高级工程师
范　明	中国铁道科学研究院（集团）有限公司通信信号研究所研究员

序一

傅志寰

我国已跨入了高铁时代。风驰电掣的高速列车给人们带来了快捷愉悦的全新感受，正如有诗云："银龙出京一路奔，转瞬之间入津门。齐鲁苏皖须臾过，品茗到沪尚存温。"四通八达的高铁不仅显著改变了人们的出行方式，也对经济社会产生了深远影响。

目前我国高铁里程已超过25 000公里，占全球高铁总里程的三分之二，每天开行5 000多列高速列车，运送超过600万乘客，2017年我国高铁累计发送旅客已突破70亿人次。这些令人炫目的"大数据"意味着无与伦比的业绩。我国高铁不但规模大，速度也快，最高时速达350公里，为世界之最。我国动车之平稳是有口皆碑的，网上曾流传一段视频：有乘客将一枚硬币立在高速列车的窗台上，竟8分钟未倒。

高铁不但改变着中国，也震撼了世界。我国已经积累了在寒带、热带、大风、沙漠、冻土等不同气候和地质条件下高速铁路建设的丰富经验，是世界上少数能够提供包括土建、高速动车组和列车控制系统等高铁全套技术的国家。

中国人喜爱高铁。但凡有机会，都愿与靓丽的高速列车合影留念，而且带着浓厚兴趣想进一步解开高铁之谜。"高铁为什么跑得那么快？""高铁为什么跑得那么稳？""高铁行驶安全如何保障？"这些问题，不但孩子要问，成年人也十分关心。近两年我在给中学生讲"高铁"科普时，每每都会有学生提出大量类似问题。

为了回答人们的问题，上海科学技术文献出版社组织一批资深专家教授，用一年半时间编写了一套内容丰富的"中国高铁丛书"，全套9册，书名分别是：《走近中国高铁》《高铁线路工程》《高铁车站》《高速列车》《高铁牵引供电系统》《高铁信号与控制》《高铁运营组织与管理》《中国高铁发展战略》《高铁经济》。这套丛书不但描绘了高铁的全貌，展示了车站、线路、信号、供电、列车等关键设施和装备，也介绍了高铁运营服务知识以及对经济社会发挥的独特牵引作用。与此同时，还讲述了世界各国高铁发展的故事。

"实事求是、深入浅出"是检验科普图书质量的重要标志。为了做到"实事求是"，作者们查阅了海量资料，反复筛选与求证，对我国高铁技术水平、发展历程作了符合实际的阐述，也纠正了一些网络上的不实传言。为了做到"深入浅出"，作者们力图用通俗生动的语言和精美的图片，揭示高铁技术原理和设计结构。一年多来，作为初次涉猎科普读物写作的他们，花了不少时间再学习，大家深知将科学专业术语转化成大众能听懂的"大白话"是一门艺术。

我受聘担任本丛书的总顾问，深感荣幸和愉悦。究其原因，不只因为我有参与高铁论证与建设的经历，还源于心系铁路、喜爱火车的深厚情结，中国高铁的快速发展也圆了我自己多年的梦想。

在本套图书付梓之际，衷心希望凝聚作者大量心血的"中国高铁丛书"，能给读者带来所渴望的知识与阅读的喜悦。

2019 年 1 月

序二

郑 健

　　高铁,作为现代工业文明的崭新成果,发端于日本,发展于欧洲,兴盛于中国。经过五十余年的发展,高铁以其安全、快捷、环保、节能等技术经济优势赢得了各国青睐。我国从20世纪90年代初开始开展高铁的前期研究,经过几代铁路人的探索实践,特别是党的十八大以来的创新发展,取得了举世瞩目的历史性成就,能亲身经历、见证参与、组织推动我国高铁建设,倍感荣幸。铁路建设者昼夜兼程、风雨无阻、逢山开路、遇水架桥,用智慧、心血和汗水励精图治、砥砺前行,实现了中国高铁从无到有、从探索到突破、从制造到创造、从追赶到领跑的崛起!如今,"复兴号"奔驰在祖国广袤的大地上,迈出了从追赶到领跑的关键一步;四通八达的高铁网络给百姓美好生活带来了新福祉,给世界高速铁路发展树立了新标杆,为党和国家赢得了新荣耀!

　　遥想20世纪初,为了振兴国家实业,孙中山先生在《建国方略之二:实业计划》中提出修建10万英里(16万公里)的铁路计划,指出"国家之贫富可以铁道之多寡而定之,地方之苦乐可以铁道之远近计之","铁路常为国家兴盛之先驱,人民幸福之源泉,国家统一之保障"。中华人民共和国成立后,党中央国务院高度重视铁路建设。1978年10月,邓小平同志访问日本,在从东京前往京都的新干线高铁列车上深有感触地说:"就感觉到快,有催人跑的意思,我们现在正合适坐这样的车。"(中共中央文献研究室编《邓小平年谱(1975—1997)》(上)第413页)一代伟人的这句双关语暗示着中国的发展要有像新干线那样快的速度。同年12月召开的十一届三中全会拉开了改革开放的序幕。

　　40年的改革开放让铁路特别是高速铁路发展迎来了难得的黄金发展机遇。从20世纪90年代广深铁路开行准高速列车到世纪之交秦沈客运专线开通运行,从2007年实现第六次大面积提速到2008年京津城际高铁通车,从2010年12月京沪高铁创造时速486.1公里试验速度到2016年7月成功实现世界首次时速420公里交会，从"四纵四横"基本建成到"八纵八横"规划蓝图绘就，几代铁路人锲而不舍、坚韧执着，从未因道路曲折而半途而废，也从未因梦想遥远而放弃追求。从孙中山先生提出《建国方略》到今天，"复兴号"高铁动车组奔驰在祖国广袤大地上的情景，就是华夏儿女不忘初心、砥砺前行的生动写照；中国高铁能够领跑世界，就是中华民族追逐梦想、谋求复兴的时代象征。高铁精神，已成为象征着中华民族伟大创新精神的一座丰碑！

从1990年《京沪高速铁路线路方案构想报告》到2004年国务院批复的《中长期铁路网规划》明确将高铁建设作为铁路发展的核心，从中国高铁发展"三步走"战略谋划到工程建造、装备制造、列车运行控制等不同领域技术创新路径的实施，中国高铁经历了艰难的战略抉择、艰苦的探索实践和艰辛的开拓创新历程。2008年8月1日，中国第一条时速300公里以上的高速铁路——京津城际高铁开通运营。波澜壮阔的高铁建设在长城内外、大河上下展开，呈现出了史诗般的巨幅画卷！

一分耕耘一分收获。经过几代铁路人卧薪尝胆，迎来了与世界第二大经济体相适应的高铁网络体系的蓬勃发展：建成了2.5万公里的高铁网络，搭建了专业一流的研发平台，在高铁线路、桥梁、隧道、客运枢纽等重大工程方面积累了丰富的实践经验，全面掌握了在各种复杂地质、地形及气候环境下修建不同速度等级高速铁路的成套技术，建造了以京沪高铁为代表的一大批世界级的标志性工程，拥有了完整的中国高铁技术标准体系，打造了中国高铁品牌，形成了规划设计、工程建造、装备制造、运维服务等方面的比较优势，总体技术水平已迈入世界先进行列，成为推动世界高铁发展的重要力量！

不断延伸的高铁网络对经济社会发展产生了深刻的影响。如何衡量高铁对经济社会发展的"溢出效应"，如何评价高铁效应在国家发展、国际交往、地缘政治中的作用，需要坚实的高铁经济理论作为支撑。2012年原铁道部设立了高铁经济重大课题，从政治经济、社会文化、生态环境等多维度探究高铁效应的理论基础，从哲学层面发现其内在规律，从理论层面研究其影响机制，旨在通过研究回答社会对高铁建设运营的普遍关切，探究未来高铁发展之路。

如今我们欣喜地看到，高铁网络极大地缩短了时空距离，让旅途不再漫长；极大地改善了出行品质，让百姓出行有了更多的幸福感；拉动了文化旅游井喷，稀缺独特的旅游资源得到充分开发；促进了铁路装备升级改造，高铁动车组等高端装备制造业快速发展，强劲带动了上下游相关产业链的全面升级；改变了经济资源配置格局，城市综合经济竞争力得到了大幅提升，区域产业经济结构得到了优化调整，区域经济一体化进程进一步加快。高铁网络创造出了比别的经济体更多的时间，承载了更为宏观的经济意义，以更高的速度赋能一切生产要素，以更高的质量和效率不断放大着"乘数效应"。作为新经济学革命的高铁经济已成为中国经济增长的新引擎，正构建着中国经济发展的新版图。中国高铁今天历史性的成就就是对中山先生、小平同志最好的告慰！

"雄关漫道真如铁，而今迈步从头越"。党的十九大确立了习近平新时代中国特色社会主义思想，作出了建设交通强国的重大决策部署。在不到半年的时间里，习总书记两次"点赞""复兴号"，这既充分体现了党中央对高铁发展成果的充分肯定，更指明了中国高铁的前进方向。中国高铁将始终坚持以人民为中心，进一步构建更安全、更高效、更智能、更绿色、覆盖率更高的高铁网络，持续创新引领世界铁路发展，让全国各族人民共享铁路发展改革的成果，满足人民在新时代的需求，让人民从高铁发展中有更多的获得感、幸福感、安全感！

高铁发展需要全社会的关心和爱护。这套"中国高铁丛书"对讲好中国高铁故事、传承勇往直前的高铁精神，汇聚高铁发展共识、凝聚高铁发展正能量，弘扬新时代主题、追逐民族复兴梦想必将产生积极的作用。热切希望这套图书能与广大读者尽快见面，更真诚期望能有更多的专家、学者关注中国高铁，走近中国高铁，宣传中国高铁，支持中国高铁，关爱中国高铁，以促进中国高铁的健康可持续发展！

2019年1月

前言

由于牵引供电系统负责高速铁路的电力供应，其可靠性直接影响列车运行，因此高速铁路的快速发展对牵引供电系统提出了更高的要求。

牵引供电系统主要涉及外部电源、牵引变电所和牵引网系统三个子系统。本书从以上三个部分的基本原理、关键技术、运营维护和相关技术环节为读者解读高铁能量获取和传递的完整过程。

本书为"高速铁路科普丛书"的第五本。全书共分为五章。第一章主要介绍高速铁路牵引供电系统的组成、特征，牵引供电制式，牵引变压器接线形式等关键技术特点，并说明牵引供电系统与外部电网的关系，同时与日本、德国、法国等发达国家作了比较。

第二章主要介绍了牵引变电所，包括牵引变电所的容量、电压等级、供电范围等主要参数的确定，牵引变电所的主要设备，牵引变压器的备用方式，变电所的防雷、接地及保护配置，综合自动化系统。同时介绍牵引供电系统的新进展，同相供电技术的原理与优势。

第三章介绍牵引网系统，包括接触网的结构与组成，主要悬挂方式，导高、拉出值等主要技术参数。对接触网的防雷、接地和弓网系统的接触特性等进行解读，并根据弓网受流的特点，总结了改善弓网特性的措施。

第四章介绍牵引供电系统主要设备的养护与检修，分为变电所设备和接触网设备两大部分。主要从牵引供电设备的修程、修制及抢修机制，一些常用的检查方法等方面进行介绍，重点介绍了6C系统。最后对牵引变电所、接触网主要设备的检修方案进行了介绍。

第五章介绍牵引供电系统应对外部环境灾害的防护措施，尤其是接触网的防护。具体的防治内容有：防异物侵限、防鸟害、防雷、防冰雪冻灾害、防危树、防洪、防强风、防锈蚀、防污闪等。

本书由同济大学教授张明锐，中国铁路上海局集团有限公司供电处处长张永健，中国铁路设计集团项目总工程师、教授级高级工程师王靖满共同完成。张明锐教授为本书的主要执笔人，硕士研究生吴严严在本书的编写过程

中亦付出了大量劳动。张永健处长和上海铁路局供电处的同仁们为本书提供了高铁供电系统建设运营资料和现场图片，王靖满总工为本书提供了相关的设计经验及施工方面的素材。中国铁路设计总院设计师蒋先国先生和铁路总公司景德炎处长为本书的撰写思路提供了宝贵意见。本丛书在成书过程中还得到了原铁道部部长傅志寰、同济大学时任校长钟志华、国家铁路局党组成员郑健、原同济大学副校长孙章等领导的关怀和指导。

本书可供广大高铁爱好者、从事高速铁路相关工作的同行参阅，也可供轨道交通专业的学生参考。由于作者水平有限、编写时间仓促，书中可能还存在一些错误疏漏，欢迎读者批评指正。

谨以此书向中国高铁的伟大成就致敬！

目 录

序 一
序 二
前 言

第一章 牵引供电系统 1
——高速铁路的动力源泉

一、供电系统构成 ...3
二、供电系统特征 ...6
三、供电系统的关键技术特点 ...8
    1．外部电源 ...8
    2．牵引网供电方式 ...12
    3．牵引变压器接线形式 ...15
四、从无到有——中国铁路的电气化历程 ...19
五、国外高铁牵引供电系统的特点 ...20
    1．日本 ...20
    2．法国 ...23
    3．德国 ...24

第二章 牵引变电所 29
——牵引供电系统的心脏

一、牵引变电所的作用及平面布置 ...31
二、牵引变压器的选择及备用方式 ...32
    1．牵引变压器的选择 ...32
    2．牵引变压器的备用方式 ...33
三、牵引变电所主要设备 ...35
    1．高压断路器 ...35
    2．高压隔离开关 ...36
    3．高压互感器 ...37
    4．220 kV进线侧组合电器柜 ...38
    5．2×27.5 kV馈线侧组合电器柜 ...40

四、牵引变电所向接触网的供电方式 …41
    1．单边供电 …41
    2．上下行并联运行 …41
    3．双边供电 …42

五、牵引变电所的防雷 …43
    1．变电所遭受雷击的方式 …44
    2．变电所的防雷措施 …46

六、牵引变电所的接地 …49
    1．接地系统的结构 …50
    2．接地设计 …51
    3．综合接地系统的发展 …54

七、牵引变电所的保护配置 …56

八、牵引供电远动系统及综合自动化系统 …60
    1．远动系统 …60
    2．综合自动化系统 …67

九、牵引供电的一种新尝试——同相供电技术 …75

第三章　接触网 …… 81
——牵引供电系统的大动脉

一、接触网的组成与结构 …83
    1．接触悬挂 …83
    2．支持和定位装置 …87
    3．支柱和基础 …92

二、接触网的主要悬挂形式 …94
    1．简单链形悬挂 …94
    2．弹性链形悬挂 …96
    3．复链形悬挂 …98

目录

三、接触网的主要技术参数 ...99

四、电分相及自动过分相技术 ...105
    1. 地面开关自动切换过分相方式 ...105
    2. 柱上开关自动断电过分相方式 ...106
    3. 车载断电自动过分相装置 ...106

五、接触网的防雷 ...107
    1. 接触网雷害类型 ...108
    2. 接触网防雷体系 ...109
    3. 接触网防雷措施 ...111

六、接触网的接地 ...119
    1. 接地分类 ...119
    2. 接地装置 ...120
    3. 综合接地 ...121

七、"不离不弃"的弓网系统 ...123
    1. 弓网结构的特点 ...124
    2. 弓网受流系统的基本要求 ...125
    3. 接触网波动的评价 ...126
    4. 弓网受流质量的评价 ...128
    5. 改善弓网特性的一些措施 ...130

第四章 养护与检修 133
——牵引供电系统的健康保障

一、设备检修规程 ...135
    1. 设备的检修模式 ...135
    2. 变电所设备的修程修制及抢修机制 ...136
    3. 接触网设备的修程修制及抢修机制 ...138

  二、常用检查方法 …139
    1．变电所设备的检查方法 …139
    2．接触网设备的检查方法 …144
    3．一种综合检测监测系统——6C系统 …150
  三、变电所主要设备的养护维修 …154
    1．牵引变压器及其附件的检修 …155
    2．高压断路器的检修 …160
    3．高压隔离开关的检修 …162
    4．110（220）kV互感器的检修 …165
  四、接触网主要设备的养护维修 …168
    1．接触悬挂的检修 …168
    2．支持和定位装置的检修 …173
    3．支柱和拉线的检修 …177
    4．单项设备的检修 …178

第五章　外部环境灾害防护 ……185
　　——牵引供电系统的保护伞
一、防异物侵限措施 …187
二、防鸟害措施 …191
三、防冰雪冻灾害措施 …193
四、防危树措施 …195
五、防洪措施 …196
六、防强风措施 …197
七、防锈蚀措施 …199
八、防污闪措施 …200

参考文献 ……204

第一章

牵引供电系统
——高速铁路的动力源泉

一、供电系统构成

二、供电系统特征

三、供电系统的关键技术特点

四、从无到有——中国铁路的电气化历程

五、国外高铁牵引供电系统的特点

高速铁路的运行特点是速度快、牵引功率大。列车要在最短的时间和距离内达到额定的最高运行速度，就需要有足够的启动牵引力；同时当列车以较高的速度保持运行时，必须有足够的持续牵引力来克服列车运行时的阻力。鉴于高速铁路的牵引力需求高、动车组的整备质量大，所以高速铁路采用电力牵引，而动车组所需要的动力则依赖于专用的牵引供电系统提供。电力牵引能源利用率高，有利于降低环保成本。

牵引供电系统是指从三相电力系统接受电能，再转化为单相交流电后向高速铁路列车输送电能的电气化网络。牵引供电系统是列车运行的动力保障，是保证列车安全、稳定、高效运营的重要基础设施。牵引供电系统主要由牵引变电所和牵引网构成，它的任务是不间断地向列车输送质量良好的电能。牵引供电系统从外部电源系统接收电能，把三相高压电变为适合电动车组牵引需要的单相电，通过馈电线馈送给接触网，电动车组通过受电弓从接触网受流，从而获得源源不断的牵引动力。牵引供电系统的性能直接影响列车牵引功率的发挥和牵引传动控制系统的性能。

我国高速铁路的牵引供电制式为工频单相交流制，外部电源优先采用 220 kV 电压等级，牵引变电所设两回独立 220 kV 进线，互为热备用。西北地区因无 220 kV 电压等级，因此采用 330 kV 进线，此时一定要根据系统短路容量校核网压指标：既要保证供电臂末端网压满足要求，又不能使变电所二次侧母线电压过高，同时采取必要的电能质量控制措施，确保供电质量安全。

一、供电系统构成

由于高速列车本身不带有能源装置,需要由外界供给电能,因而必须在铁路沿线设置一套完善的、不间断地向高速列车供电的设备,这套设备组成的工作系统就是牵引供电系统。从电气回路构成角度看,牵引供电系统和外部电源系统共同构成了高速铁路的供电网络。其结构如图1.1(a)所示,抽象成原理框图,可见图1.1(b)。

外部电源系统

图1.1中,各类型发电厂、变压器和高压输电线,构成了电力系统,相对牵引供电系统而言,也被称为外部电源系统。它由国家电力部门负责建造与管理,功能是为牵引供电系统提供电能。

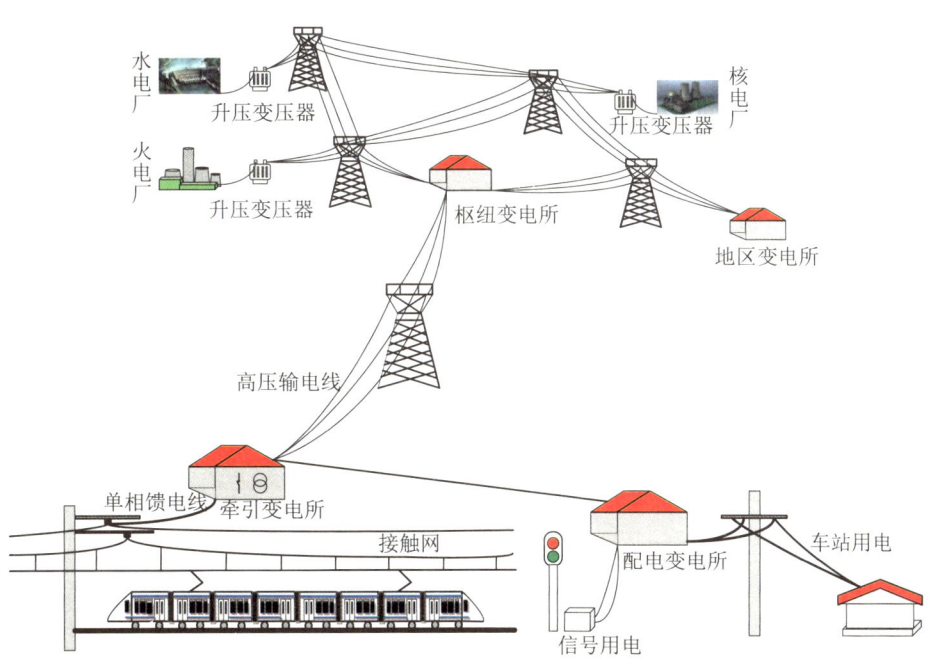

(a) 结构图

图1.1 高速铁路供电系统

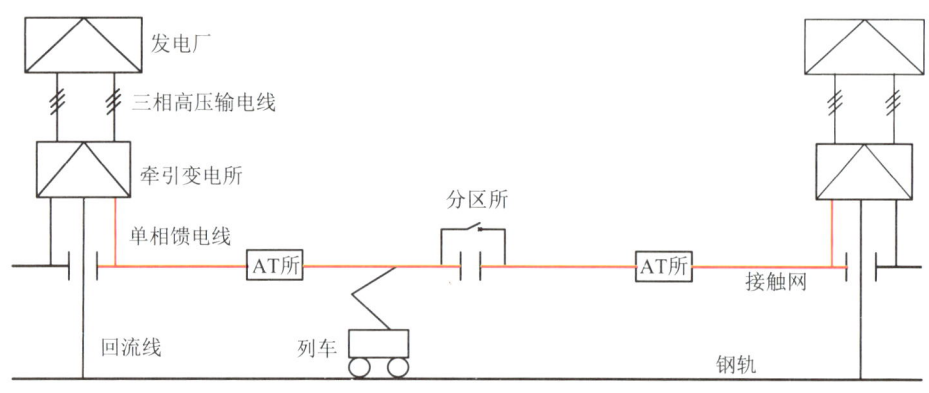

（b）原理框图

图 1.1 高速铁路供电系统

外部电源系统有两路相互独立的电源被引入牵引变电所，通过牵引变电所将电能转换成电动车组牵引所需要的单相电。两路电源一般来自两个不同的地区变电站，条件困难时可来自同一变电站不同回路的两段母线，对两路电源最基本的要求是不能同时失电。高速铁路的电能就来自外部电源系统。

由于牵引系统对供电可靠性要求很高，属于一级负荷。我国高速铁路外部电源系统一般是两回 220 kV 电源供电。当两回电源来自同一地区变电站时，要求两回电源取自变电站不同段母线，并且接入牵引变电所的两回线路最好是单回路，不允许同杆共塔架设，以防止一条回路检修时两条回路同时停电。在极端情况下，当线路走廊受到限制时，允许其中的一条电源回路与电网的其他线路共塔架设。

外部电源系统中两路相互独立的电源可以都是主用电源，即这两路电源既可以同时投入运行，也可以相互备用。两路独立的电源也可以互为热备用，当一路电源发生故障时，另一路电源承担所有负荷供电。

牵引变电所

牵引变电所的主要任务是将国家电力系统输送来的三相高压交流电转变为适合电动车组使用的单相交流电，然后经馈电线送至沿铁路线架设的接触网上，电压的变换由牵引变压器完成。一条高速铁路沿线设有多个牵引变电所，相邻变电所间的距离一般为 50 km。牵引变电所对牵引供电系统的可靠供电、电能质量和经济运行起着关键的作用。

电力系统的三相交流电转变为单相交流电，是通过适当接线形式的牵引变压器来实现的，目前中国高速铁路的牵引变压器大多采用 V/X 接线。牵引变电所通常设置两台（或两组）变压器，采用双电源供电，以提高供电的可靠性。牵引变电所还预留串联和并联电容补偿装置的条件，以便必要时改善供电系统的电能质量，减少牵引负荷对电力系统和通信线路的影响。

牵引网系统

牵引网系统担负着向高速动车组提供稳定、持续、可靠的电能等任务，是铁路重要的基础设施之一。牵引网由馈线、钢轨回流线、接触网（包括承力索、吊弦、接触线等）组成，是一种悬挂在铁路钢轨上方并和轨道保持一定高度的链形输电网，额定电压为 25 kV。

馈线：接在牵引变电所牵引母线和接触网之间的导线。它由变电所的馈出开关引出，从电分相装置的两侧连接到接触网上，将牵引变电所变换完备的电能输送至接触网。

接触网：沿铁路线架设、向电动车组供电的特殊形式的输电线路。它是高速铁路的主要供电装置，以一定的悬挂形式直接架设在铁路上方，通过与电动车组顶部受电弓的滑动接触将电能供给电动车组。

钢轨回流线：承担牵引电流流回到牵引变电所的附加导线。它的作用是将牵引电流直接回送变电所内的牵引变压器，既减少电能损失，同时降低了对铁路沿线通信、信号线路和装置的电磁干扰。通常回流线与接触网线路同杆架设，每隔一定的区段与钢轨相连。

分区所

为了增加供电的灵活性，提高运行的可靠性，常在两个牵

引变电所的供电区中间加设分区所。分区所并联上下行接触网末端，用以提高供电臂末端接触网上的电压水平，均衡上下行供电臂的电流，降低电能损失。当相邻牵引变电所发生故障而不能继续供电时，可以闭合分区所的断路器，由非故障牵引变电所实行越区供电。

AT 所

当牵引供电系统采用 AT（auto transforme，自耦变压器）供电方式时，在铁路沿线每隔 10～15 km 会设置一台自耦变压器，设置自耦变压器的地方被称作 AT 所。AT 所通常设置在牵引变电所与分区所的中间。有时为了便于运行管理，AT 所也会和分区所合并。

二、供电系统特征

相比于普速铁路，高速铁路具有速度快、容量大、行车密度大等特点，其牵引供电系统也有相应的特殊性，具体如下。

动车组的负载率高、受电时间长

高速铁路运行速度较快，随着速度的增加，空气阻力会呈几何级数增长。因此，对于高速铁路来说，克服空气阻力成为列车驱动主要的功率消耗。随着列车运行速度的提高，整个牵引供电系统的负载率也将随之增加。

牵引负荷具有显著的时段特征

高速铁路的短时集中负荷特征明显，在早晚时段和节假日的高峰客流期，根据客流量实际需要，可能组织大编组、高密度的客运方案，甚至在短时间内形成密集追踪的行车态势。牵引供电系统应具有应对各种集中负荷供电的能力与条件。

需要较高的系统供电能力

以速度为 350 km/h 的高速动车组为例，8 辆编组时，动车总功率约为 1 MW 左右；加之高速铁路行车密度大，要实现 3 分钟追踪。因此，牵引供电系统要具备强大的供电能力，即必须对牵引变压器容量、牵引网的电流传输能力进行大幅度提高与加强。

需要较强的越区供电能力

为保证高速铁路供电的可靠性，牵引供电系统还应具备应对各种异常条件的供电能力。在出现单座牵引变电所解列退出运行的情况时，需要通过相邻牵引变电所进行越区供电。而对于高速铁路，牵引供电系统的越区供电能力显得尤为重要。

需要采用较高等级的外部电源系统

由于高速铁路牵引供电系统对外部电源的可靠性要求高，目前高速铁路牵引供电系统的外部电源电压等级普遍为 220 kV，部分地区因电源条件限制采用 330 kV 外部电源。

对弓网间受流提出了更高的要求

高速移动的列车通过受电弓在接触线下的滑动实现受流，要求弓头在接触线下能平稳滑动，这在低速工况时是容易实现的。随着列车速度的提高，接触网的运行条件变得越来越复杂、恶劣。在高速受电弓的激励下，接触悬挂的振动频率、幅度都在加剧，恶化了弓网间牵引电流的传输质量，严重影响高速列车的正常运行。因此，在接触网设计中要充分考虑列车运行速度、受电弓性能以及空气动力的影响因素等，正确选择接触网的悬挂方式、线材及张力配置，合理确定各项主要技术参数。

对设备的安全可靠性提出了更高的要求

由于高速铁路牵引网正常牵引电流及短路电流相对普速铁路都有较大的提高，其流经钢轨产生的轨电位也将大幅度提高。因此，牵引回流通道的安全问题更加凸显，即牵引回流网络对人、轨旁设施的安全影响及与其他系统的电磁兼容问题更加突出。

高速铁路牵引变电所、AT 所、分区所及开闭所采用无人值守模式，这对牵引变电设备的安全可靠性、设备运行环境的监控以及相关系统的联动均提出了更高的要求。

接触网结构复杂，零小部件多，运行条件复杂，要能经受得住严峻的环境考验，保证安全可靠地全天候运行。这就要求接触网在高速运行和恶劣的气候条件下，能保证受电弓的正常取流；线材和零部件应具有足够的抗振动、抗疲劳、抗腐蚀和耐磨性能，具有较长的使用寿命。

对设备系统的互通提出了更高的要求

高速铁路牵引供电系统的内外部设备系统间的互联及互操作越来越多，这就要求开放各设备系统，统一规划系统间信息交换的标准和传输技术，并对各子系统产生的大量信息进行统一加工、发掘和共享，为牵引供电系统的正常运营和事故抢修提供决策依据。

三、供电系统的关键技术特点

1. 外部电源

外部电源的电压等级

高速铁路牵引供电系统的牵引电流大，可靠性要求高，应尽可能提高外部电源的容量和电压等级。提高电压等级能够降低网损、提高电能质量及电网的输送能力，但是电压的提高又会导致电气设备的投资增大，所以选择一个合适的电压等级对于牵引供电系统来说相当重要。

我国普速铁路牵引供电系统的外部电源电压以 110 kV 为主，但高速铁路的牵引功率更大，"复兴"号标准动车组的功率甚至已达 10 000 kW 以上。如果仍采用 110 kV 电源供电，很难满足供电要求，电力网的运行指标也会恶化。电力网的电压等级一般根据输送功率和输电距离来选择，其应用的大致范围可参考表 1.1。

结合负荷需要和电网发展，我国高速铁路牵引供电系统的外部电源大部分选择 220 kV 电压等级。目前在我国西北地区无 220 kV 电压等级，采用的是 330 kV 外部电源。

表 1.1　电力网电压与输送功率、输电距离的关系

额定电压（kV）	输送功率（MVA）	输送距离（km）
110	10～50	50～150
220	100～150	100～300
500	1 000～1 500	150～850

高速铁路采用 220（330）kV 外部电源供电，改善了牵引供电系统对电力系统的负序和谐波影响，增加了系统的负序承受能力，并减少了电压畸变，降低了电能损耗，保证了牵引供电系统具有较高的供电质量。

对于采用工频单相交流电、接触网额定电压为 25 kV 的高速电气化铁路，世界各地毫无例外地均采用高压供电。日本山阳新干线，牵引变电所的进线电压为 275 kV，与原来的 70 kV 相比，电源电压波动和不平衡承受能力都有所改善，因而更能保证动车组稳定、高速运行，而且经济性更高。法国牵引变电所的进线电压基本上都是 225 kV。德国牵引变电所进线电压为 110 kV，牵引网压为 15 kV，频率为 $16\frac{2}{3}$ Hz，有其特殊性。

外部电源的容量

电气化铁路属于电力系统的一级负荷，尤其对于高速铁路来说，由于牵引质量大、列车运行速度快（"复兴号"已实现持续 350 km/h 运行），对牵引功率的需求也比较高（最高超过 10 000 kW），因此高速铁路都采用大容量供电。

外部电源容量一般用短路容量来衡量。短路容量是指三相短路时系统等效电源供给短路点的容量，它是牵引变电所在配置牵引变压器、开关等电力设备时所必需的重要参数，同时也是估计电力系统负荷能力的重要依据。电力系统的短路容量同电力系统的发电容量有关，还同负载点与电力系统电源的距离有关。一般电力系统的发电容量越大，短路容量越大；负载点

距离电力系统电源越近，短路容量也越大。负载点与电力系统电源的距离，可以用等效输电线长度来表示，由于实际中一般不是用一条输电线将一个单一的发电厂连通，所以等效输电线长度只是从概念上表示负载点到电力系统电源的"电距离"。

当负载点距离电力系统电源较近时，短路容量受系统容量的影响比较大，距离电源越远，影响越小。输电功率与电压平方成正比，因而提高输电线的电压等级，可提高电力系统的短路容量。

高速铁路牵引负荷是单相负荷。在三相电源转换为单相供电的过程中，会产生负序电流，大容量高压电源对牵引负荷引起的电能质量问题有更高的容忍度，有助于减轻牵引负荷对电力系统的不良影响。此外，公共连接点的电压畸变率、电压不平衡度、电压波动等均与短路容量成反比，因而应尽量选择大的短路容量。高速铁路牵引变电所的安装容量在 2×(31.5+31.5) ~ 2×(63+63) MVA 之间，系统的短路容量建议在 2 500 ~ 5 000 MVA 以上，即为牵引变容量的 40 倍。

外部电源电能质量指标

电力系统对高速铁路的供电方案，不仅关系到牵引供电系统的供电质量，同时也影响到电力系统的稳定性和对其他用户的供电质量。供电质量的考核指标包括电压波动、功率因数、谐波、负序等，所以牵引供电系统在设计时需要选择合适的牵引供电方式、牵引变压器接线形式、外部电源电压等级。

我们先说说电压波动问题。高速列车是典型的冲击型负载，引起的电压波动较大，对电力系统的其他用户有一定影响。电压波动范围与供电系统的容量、网络参数、负载容量等相关。《电能质量　供电电压偏差》(GB/T12325) 中规定：35 kV 及以上供电电压正负偏差的绝对值之和不超过额定电压的 10%。计算 220 kV 电压等级的电压偏差，在系统容量满足供电要求的情况下，最大负荷按牵引变容量的 2 倍考虑，功率因数按 0.93 考虑，不同容量下的电力系统供电母线的电压偏差见表 1.2。

表 1.2　牵引负荷引起电力系统供电母线的电压偏差

电气化铁路类型	高速铁路		
牵引变安装容量（MVA）	63	75	120
系统短路容量（MVA）	1 800	2 500	4 500
电压偏差（%）	4.49	3.85	3.42

可见，当系统容量满足要求时，电压偏差也都符合国标规定，即便在再生制动的工况下，列车制动能量反馈到牵引网引起供电母线电压升高，其电压偏差值依然能满足不超过额定电压 10% 的要求。而且从表 1.2 中不难看出，系统短路容量越大，则冲击性负载引起的电压偏差也越小。

再来看功率因数问题。功率因数降低会使供电系统的电压损失增加，接触网电压降低，影响电动车组的功率发挥；同时增加了输电网络中的电压损失，造成用户端供电电压波动大；还会增加电力网络的电能损耗，降低输电变电设施的供电能力。高速铁路由于普遍采用了交-直-交型电动车组和 AT 供电方式，功率因数大幅提高，能满足电力系统功率因数不低于 0.9 的要求。

然后是谐波问题。由于设备和负荷的非线性特性，造成所加的电压与产生的电流不成线性关系，出现波形畸变，即谐波。谐波的出现是对电力系统的一种污染，会使得用电设备所处的环境恶化。谐波对电力系统的影响大致可分为两个方面：其一，过大的谐波电流流入电气设备，会造成过负荷、过热现象，并可能在一定条件下形成谐振现象。其二，对利用电压波形进行控制的设备、仪表计量等会引起误控和计量误差，影响准确性。

交直交型动车组谐波含量较低（三次谐波电流小于 2.5%），总谐波电压畸变率的限值满足《电能质量　公用电网谐波》(GB/T14549) 中规定的不高于 2% 的要求。在实际运营

过程中，可适当增设无源滤波装置、有源滤波装置、谐波补偿装置等谐波治理装置。

最后是三相不平衡引起的负序问题。电动车组采用工频单相交流供电制，电力系统则为工频三相对称交流电网。由于电动车组运行的随机性、频繁性，可能两个供电臂同时供电，也可能单个供电臂供电，由此单相牵引负荷有可能会引起三相电力系统的不对称运行，在电力系统中产生负序电流。由于牵引负荷容量大，容量较小的三相电力系统受到的影响就会比较大。负序电流会造成电力系统的三相电流不对称、三相变压器的容量利用率下降、变压器的附加能量损失等问题。负序电流流过电网时，负序功率实际上并不作功，只造成电能损失，增加了网损，从而降低了电力网的输送能力。

为解决三相不平衡带来的负序问题，高速铁路牵引供电系统普遍采用轮流换相接入的方法，使不同变电所产生的负序电流部分抵消，降低总体的负序电流水平；同时，牵引变电所供电的两个供电臂负荷尽可能设计均衡，牵引变电所的 220 kV 进线选择短路容量大的公共连接点接入，这些措施都能有效降低电力系统的三相不平衡度。

2. 牵引网供电方式

牵引网供电方式是高速铁路牵引供电系统的基本技术方案，是对外部电源、牵引负荷特性、线路主要技术标准、运输组织等综合分析集成后确定的技术方案。目前，各国的高速铁路大多采用带回流线的直接供电方式和 AT 供电方式，其在牵引网结构、电能传输能力、对外部电源的适应性、运营维护以及总投资等方面各有特点。

直接供电方式及带回流线的直接供电方式

直接供电方式是一种最基本的供电方式。它以钢轨、大地作为回流导体，牵引变电所通过接触网直接向电动车组供电，回流经钢轨和大地直接返回牵引变电所。如图 1.2 所示。

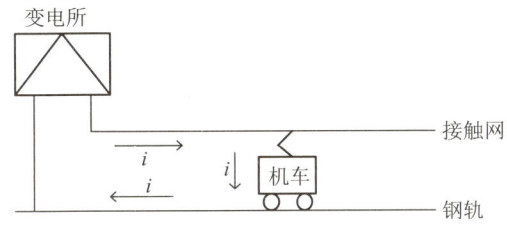

图 1.2　直接供电方式示意图

这种供电方式的优点是接触网不需要附加其他导线，供电回路简单、设备少，工程投资、运营成本和维修工作量都比较少；但其对沿线邻近的通信系统干扰较大，因此通信系统必须改造或迁移。另外，此种供电方式下的钢轨电位比其他供电方式的钢轨电位要高；牵引变电所间距较小，通常在 40～50 km。

为了保留直接供电方式的优点，同时克服其不足，可在结构上增设与轨道并联的架空回流线，成为带回流线的直接供电方式。如图 1.3 所示。

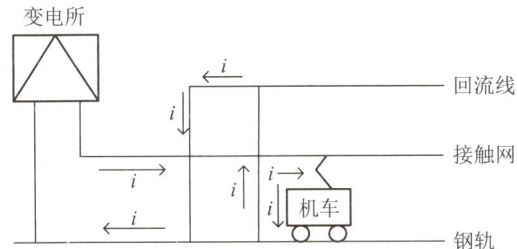

图 1.3　带回流线的直接供电方式示意图

该供电方式在接触网同高度的外侧设了一条专用回流线，并每隔一定的距离（通常 2～3 km）通过联结线与钢轨并联，以保证钢轨回流电流被吸上回流线，降低钢轨电位。回流线的电流与接触网的电流方向相反、电流幅值接近，大大减少了接触网电流产生的电磁感应对通信系统的干扰。

带回流线的直接供电方式牵引网结构较为简单，基础设施投资较节省，能够满足一般情况下电磁兼容的要求，适用于对通信线路防干扰要求不高的地区。

但是带回流线的直接供电方式对附加导线的载流能力要求高、牵引网阻抗大、供电臂短、牵引变电所数量多、接触网电分相数量多，供电质量相对较差。

AT 供电方式

AT 供电方式是在牵引供电系统中并联自耦变压器。该供电方式中，自耦变压器 AT 一端接正馈线，另一端接接触网，其中性点（中心接头）接钢轨，一般相隔 10～20 km 设一台自耦变压器接在供电回路中。牵引变电所作为 2×27.5 kV 的电源向牵引网供电，接触网与钢轨之间电压为 27.5 kV，正馈线与钢轨之间电压也为 27.5 kV，正馈线与接触网之间电压为 55 kV，即在不增加牵引网绝缘的情况下将供电电压提高到原来的 2 倍。

为了保护需要及增大防护效果，还架设一条保护线，主要是接地保护，其次是有防干扰作用。该线通过两自耦变压器中间的钢轨联结线与钢轨并联，目的是降低钢轨电位。AT 供电方式如图 1.4 所示。

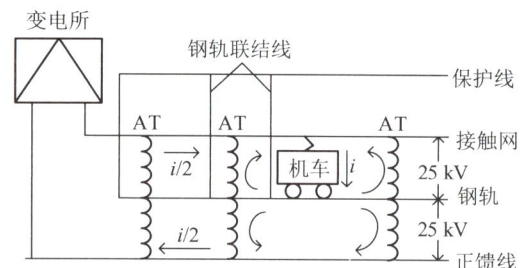

图 1.4 AT 供电方式示意图

自耦变压器将整个供电分区分为若干个小的分区，叫作 AT 区段，从而形成了一个多网孔的复杂供电网络。接触网用来输出电流，正馈线用来返回电流，两者大小相等、方向相反，因此两者电磁感应互相抵消，故对邻近的通信系统有较好的防护作用。

AT 供电方式中，接触网不需要吸流变压器的分段关节，适于高速、大电流的电动车组。牵引变电所输出 2×27.5 kV 的电压向牵引网供电，线路电流为负载电流的一半，线路阻抗小，所以线路上的电压损失和电能损失大大减小。输出功率大、接触网电压稳定，可以适应高速大功率电动车组运行的要求。供电臂长，牵引变电所间距大（一般为 60 km 左右），牵引变电所数量少，所以运营管理人员也相应减少，建设投资和运营成本也会相应减少。

AT 供电方式具有适应高电能传输的能力，并可以降低对接触悬挂载流量的要求，减小牵引网电流密度，有利于高速铁路接触网的轻型化和系统匹配设计。对于高速度、大负荷和高密度的高速铁路，采用 AT 供电方式显然是更适宜的。

除了 AT 供电方式和带回流线的直接供电方式，普通电气化铁路中还有吸流变压器（boosting transformer，BT）供电方式、同轴电缆（coaxial cable，CC）供电方式。BT 供电方式的接触导线在串入吸流变压器处存在断开点，受电弓高速通过断开点时会产生电弧，不利于列车的高速安全行驶；再者其变电所间距小、电分相数量多、牵引网阻抗大，不适合高速电力牵引。CC 供电方式造价昂贵、施工复杂，限制了其在实际工程中的使用。因此，高铁中广泛采用的还是 AT 供电方式和带回流线的直接供电方式。

3. 牵引变压器接线形式

牵引变压器是牵引供电系统中最重要的设备之一，其接线形式的选择对铁路供电可靠性有着重要的影响。目前我国电气化铁路常用的牵引变压器的接线形式有单相接线、Vv 接线、V/X 接线、Ynd11 接线、Scott 接线等。

高速铁路沿线外部电源条件通常相对较好，牵引变压器接线形式宜结合外部电源的实际情况，以单相接线、Vv 接线、V/X 接线为优先顺序，通过技术、经济等因素的比较进行选择。在外部电源条件容量较为薄弱时采用 Vv 接线，而对于 2×27.5 kV 的 AT 系统，则往往省略变电所内的自耦变压器，

相应地采用 V/X 接线。

单相接线

单相接线的牵引变压器如图 1.5 所示。其一次侧跨接于电力系统的不同两相，取用线电压，二次侧一端接至钢轨，一端接入接触网。单相接线的牵引变压器设备和布置均较简单，运营和维修比较方便，造价和运营费用也比较低廉。但它没有三相电源，必须另设变流设备或由地方引入三相电源，否则不利于变电所内三相自用电的供应。此外，该接线方式对电力系统的不对称性影响也较严重，故在高速铁路的牵引供电中基本不采用。

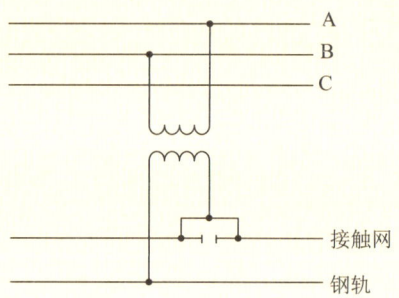

图 1.5 单相接线原理图

Vv 接线

Vv 接线也叫开口三角形接线，即用 2 台相变压器连接成开口三角形，电路原理如图 1.6 所示。在该接线方式中，开口三角形的两个开口端和一个公共端，在一次侧联入电力系统的三相电网，在二次侧将公共端口与钢轨连接，另两个端口分别用馈电线接入接触网的两个相邻区段。

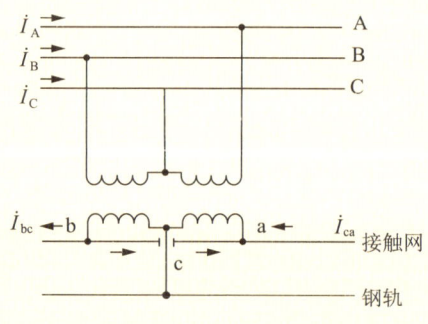

图 1.6 开口三角形接线原理图

开口三角形接线的变压器接线简单,设备较少,投资较省。这种接线方式的变压器容量利用率为100%,这是因为变压器次边绕组电流与供电臂电流大小相等,其容量得到了充分的利用。同时,牵引负荷在电力系统中不产生零序电流,其负序影响只是单相接线的一半。

V/X 接线

V/X 接线牵引变压器由 2 台单相三绕组的牵引变压器通过外部连接组合而成。接线原理如图 1.7 所示。

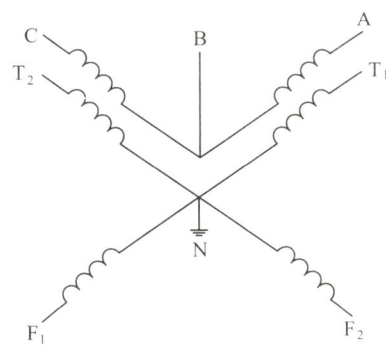

图 1.7　V/X 接线原理图

图 1.7 中,高压为一个绕组,低压分为牵引绕组(T 绕组)和馈电绕组(F 绕组),两个绕组的尾端连接在一起形成中性点 N 接于轨道。当两个这样的单相变压器组合到一起时,就成了 V/X 接线。

V/X 接线是将 Vv 接线和 AT 供电的纯单相接线技术进行整合。它的次边绕组中,T 绕组的首端连接接触网,F 绕组的首端连接正馈线,其在 AT 制式的牵引供电系统中结构如图 1.8 所示。

原边绕组分别接入三相电力系统的 AB 相和 BC 相,两台副边绕组的出线端子分别接到两组 2×27.5 kV 牵引母线上,可省去变电所 AT。两组牵引母线分别通过馈线向变电所两侧供电臂的牵引网供电。

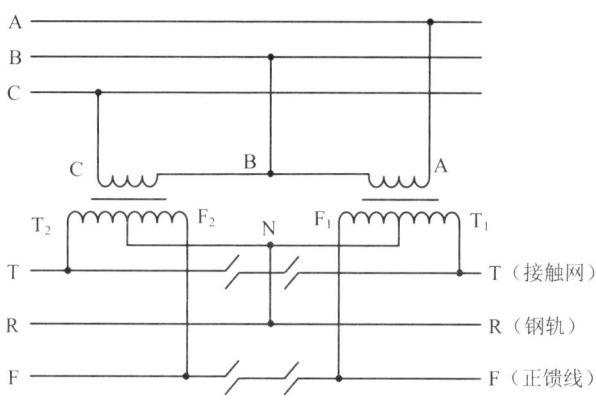

图 1.8 V/X 接线变压器在 AT 系统中的结构图

V/X 接线变压器保留了 Vv 接线变压器结构相对简单、容量利用率高、投资较省等优点，对电力系统负序的影响同 Vv 接线变压器相当，均较纯单相接线变压器减少了一半。另外，这种接线方式供电能力强、投资成本低，可节省变电所出口处的自耦变压器。且其安装容量更小，负载损耗、占地面积较小，所以目前在高速铁路上牵引变压器普遍选择 V/X 接线。V/X 接线牵引变压器 2 个绕组的容量根据需要选择，标称容量可以是不相等的，因此容量利用率高。

V/X 接线牵引变压器牵引侧电压为 2×27.5 kV，母线、开关、互感器、并联电容补偿装置、动力变压器、站用变压器均可使用 27.5 kV 直接供电方式的设备，要求的绝缘水平低，尤其是并联电容补偿装置、动力变压器、站用变压器的开关极数可减少一半，设备和接线较为简单。此外，V/X 接线牵引变压器在变压器的节能、土地资源的占用、牵引变压器的设计和制造难度、变电所投资、变电设备耐压水平与复杂程度等方面，也都具有比较大的优势。

AT 方式下的 V/X 接线牵引变压器首次于 2005 年 4 月在准（格尔）东（胜）线地方铁路周家湾至西营子段铁路电气化工程福兴城牵引变电所投入运行。2007 年 3 月，第二个采用 V/X 接线牵引变压器的朔黄铁路龙宫牵引变电所也投入了运行，京沪高铁也是采用的这种方式。

四、从无到有——中国铁路的电气化历程

中华人民共和国成立后，为了更好更快地发展大西南，国家决定修建宝成铁路。但是当地地形复杂，如果采用传统的蒸汽机车牵引，不仅需要多机牵引，而且牵引重量小、行车速度慢、运行效率低，因此铁道部决定在宝鸡凤州段采用电力牵引。就这样，在秦岭的崇山峻岭中，我国的电气化铁路迈出了试探性的第一步。宝成铁路宝凤段全长 91 km，最初设计的供电制式是 3 kV 直流供电，后来在借鉴法国、苏联和日本的相关经验之后，经过专家的反复论证对比，决定改用 25 kV 工频单相交流供电。1961 年 8 月 15 日宝成铁路宝凤段的正式运营，标志着我国第一条电气化铁路干线诞生！

到了 20 世纪 60 年代中期，随着经济的发展和铁路运输需求的增加，宝成铁路的其他路段亦相继进行了电气化建设，至 1975 年 7 月 1 日，全长 676 km 的宝成铁路全线通车，给中国电气化铁路的建设史添上了浓墨重彩的一笔！截至 1980 年底，我国先后建成了宝成线、阳安线、襄渝线（襄樊至安康）、石太线（石家庄至阳泉）、宝兰线（宝鸡至天水）等电气化铁路 1 676 km，其中阳安线是我国第一条一次性建成的电气化铁路。此时的电气化铁路开始由山区铁路向运输繁忙的煤运通道发展，由单线电气化向复线电气化发展。

改革开放以后，电气化铁路开始从山区走向平原。"七五"期间，陇海、京广等繁忙干线开始进行电气化改造，同时修建了大秦电气化铁路，共计 2 764 km。在引进先进设备的同时，组织国内一些主导工厂研制新设备，使中国铁路的电气化水平逐渐跟上了世界的先进步伐。

"八五"期间，时速 160 km/h 的广深铁路建成通车，全线共计 2 742 km，这标志着我国电气化铁路在设计速度和技术

水平上又有了新的突破。到 1996 年，我国电气化铁路里程已突破 10 000 km，跻身世界八强。

"九五"期间，我国电气化铁路飞速发展，共建成京广线（北京至郑州）、成昆线、南昆线等电气化铁路 4 311 km。截至 2000 年底，中国电气化铁路总里程已达到 14 910 km，铁路电气化率上升至 21.72%。

"十五"期间，铁路电气化建设开始注重联网效益，成网、成片考虑电气化铁路建设，充分发挥电力牵引拉得多、跑得快的潜力，大幅度提升铁路的运输能力。在这期间建成的秦沈客运专线，是我国自主设计、自主施工建成的第一条进入高速序列的电气化铁路，试验时速超过 300 km/h，拉开了我国高速客运专线建设的序幕。自此以后，我国高速铁路无一例外均采用电力牵引。

五、国外高铁牵引供电系统的特点

自 1964 年 10 月 1 日日本建成开通世界上第一条高速铁路以来，经过几十年的持续发展，各国高速铁路的牵引供电系统都有了很大的改进，达到了很高的水平，而且各具特色。国外铁路牵引供电系统情况如表 1.3 所示。

1. 日本

日本东海道、东北、上越、山阳、北陆、山形、秋田等新干线总长 2 154 km，运营速度为 260 ～ 300 km/h。日本高速铁路建设最早，普遍采用 25 kV、60/50 Hz 的 AT 供电方式。东海道新干线 1964 年建设时，限于当时电网的条件，采用了 77 kV 电源供电。20 世纪 80 年代，旅客运输量急增，供电能力严重不足，只得对电力系统进行改造。在改用 275 kV 系统供电后，基本适应了运输的需要，列车速度也提高到 270 km/h，最高达 300 km/h。

东海道新干线牵引供电系统采用 SVC、RPC 等多种电能

表 1.3　国外铁路牵引供电系统情况

国家	供电网 / 接触网电压与频率	特　　点
日本	供电网：154/220/275 kV　50 Hz 三相 接触网：25 kV 50/60 Hz 单相	（1）分段供电；（2）地面自动过分相；（3）静止无功补偿装置（static var compensator，SVC）、铁路功率调节装置（railway power conditional，RPC）等多种电能质量补偿装置；（4）开始采用电力变频器（electric frequency converter，EFC）用于 60 Hz 供电。
法国	供电网：225/400 kV 50 Hz 三相 接触网：25 kV 50 Hz 单相	（1）分段供电；（2）车载自动过分相；（3）接入 225 kV 或 400 kV 大容量、高电压等级的公用电网，电能质量情况较好。
德国	供电网：110 kV 50 Hz 三相 接触网：15 kV 16.7 Hz 单相	（1）贯通式同相供电：大量采用大功率换流机组 SFC（static frequency converter）实现与公用电网的联系，自建牵引电网，牵引网全线电压同相位，无过分相装置和电能质量补偿装置；（2）对接入公用电网要求较低，可接入中压、高压等多种电压等级的公用电网；（3）牵引电网电压 15 kV，单个所的供电能力较小。

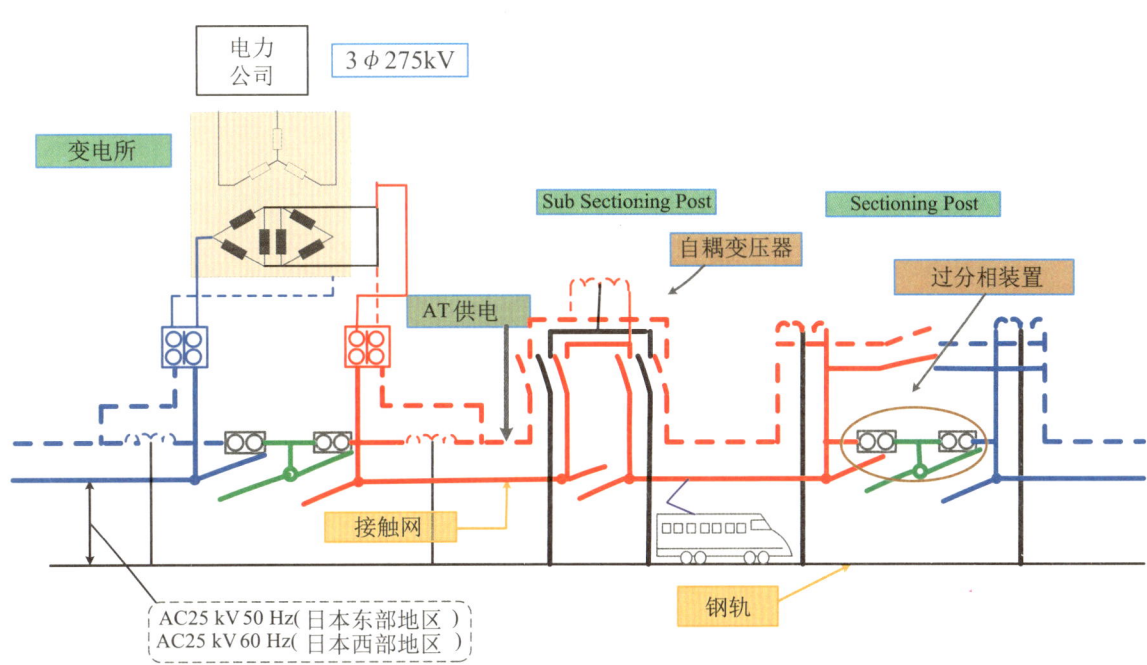

图 1.9　日本高速铁路牵引供电系统

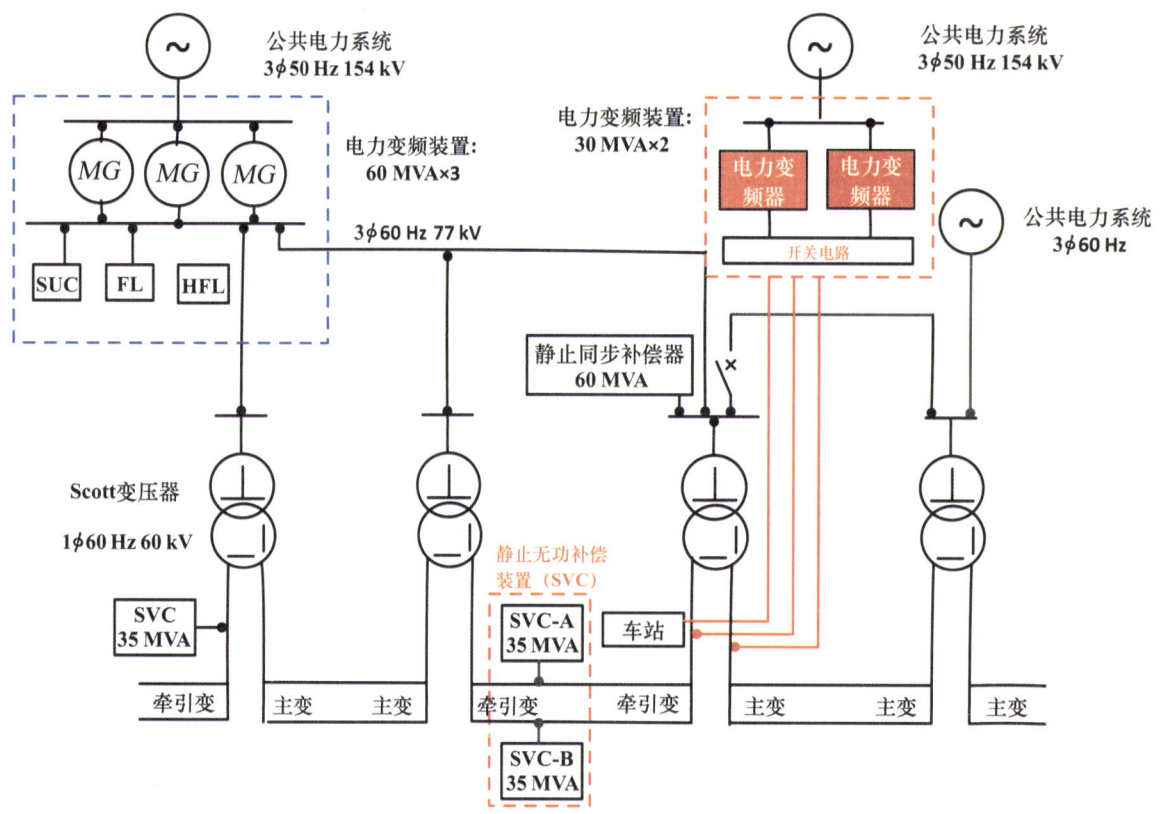

图1.10 东海道新干线牵引供电系统

质量补偿装置,并开始采用 EFC 用于 60 Hz 供电。

1993 年以来,在东海道新干线先后安装了 5 套 34/60 MVA 的静止同步补偿器,用于无功和负序补偿、低次谐波治理、抑制电压波动。1990 年以来,在东海道新干线先后安装了 23 套 SVC,用于无功补偿,抑制电压波动。静止同步补偿器安装在 77 kV 三相供电网侧,用于补偿电网不平衡,消除负序电流,同时进行无功补偿、抑制电压波动,电压波动率可降至 2%。RPC 在单相接触网侧安装,可用于平衡有功(消除负序)、补偿无功,抑制电压波动、低次谐波滤波。

因 EFC 技术具有能够取代输出 60 Hz 旋转变频机组、提供有功支持、提高供电能力、减少有功引起的电压波动的特

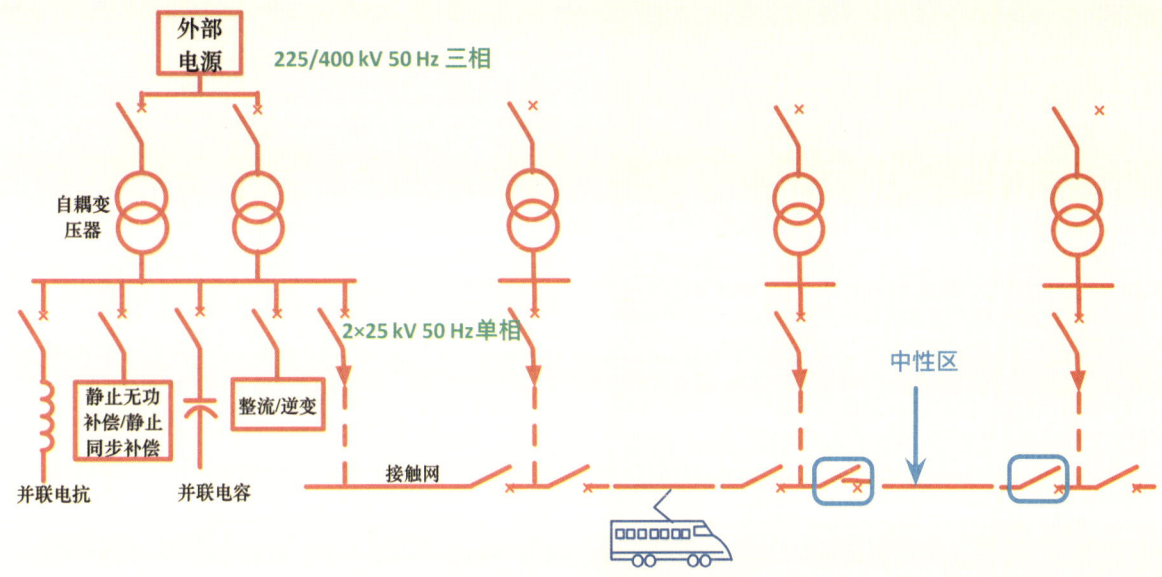

图 1.11 法国 TGV 高速铁路牵引供电系统

点，日本铁路牵引供电系统采用 EFC 技术实现同相供电。东日本铁路公司测试结果表明：EFC 可使铁路用电量减少 2% 以上，停机检修时间大大缩短。

日本铁路的东海道新干线采用 60 Hz 单相供电。2003 年以来，先后有 3 套 60 MVA EFC 安装投运。EFC 将三相 50 Hz 交流电转换为 60 Hz 单相交流电，具有实现单相供电的能力。

EFC 有并联工作和独立供电两种工作模式。并联工作方式下，控制 EFC 输出的有功、无功，并使输出电压与接触网电压保持在一定误差范围内。独立供电模式下，EFC 控制为电压源，提供接触网电压支撑。

2. 法国

法国高速铁路线目前的轨道里程约为 3 000 km，共有 7 条线，即 LN1～6 和 LN1—LN3 的联络线。目前每天约有 600 列高速列车在这些高速线上运行，300 km/h 以上速度的走行公里达 27.5 万公里。地中海线（瓦朗斯—马赛），全长 250 km，设计最高速度为 350 km/h，东南、大西洋、北方等线运营速度为

300 km/h。高速线路大部分采用 2 路 AC 25 kV/50 Hz 和自耦变压器供电,个别路段为 1 路 AC 25 kV/50 Hz 供电。大西洋线,全线有 4×25 kV 的 AT 所,由法国电网公司以 225 kV 或 400 kV 供电,以确保系统联结点有足够的短路容量。所有牵引变电所在接入电力系统时,必须采用轮流换相,使不同变电所产生的负序电流部分抵消,以降低总体的负序电流水平。

3. 德国

20 世纪初期人们力图把串联电机在牵引技术方面的长处与交流电的可变压特性结合起来。当时的目标是将单相交流串联电机作为驱动系统,在德国和欧洲中部公共电网的频率为 50 Hz。受当时技术发展水平的局限,上述驱动系统存在的一些问题尚未能得到圆满解决。

后来德国经过不断努力,研制出了频率为 16.7 Hz(50/3 Hz)的单相交流电源。这种单相电能是在铁路专用高压电网中产生和分配的。1912—1913 年间三个德国牵引电力公司采用了这种牵引电流制式,随后奥地利、瑞士、挪威和瑞典也陆续采纳了这种电流制式。经证实,这种 16.7 Hz 单相交变电流形式对高速和大功率繁忙铁道的牵引供电系统是非常有效和适用的。故德国牵引电网采用 16.7 Hz 单相交变电流形式。

德国铁路通过水力发电站、热电厂以及变流所生产和自备单相 16.7 Hz 的牵引电能。于 2000 年底用于集中牵引供电网的装机容量达到 2 588 MW,其中热电厂占 57%,水力发电站占 14%,集中式旋转变流设备占 24%,静态变流设备占 5%。

另外在分散式牵引供电网区域的分散式旋转变流所的装机容量为 608 MW,在分散式变流所中以 10 MVA 的额定功率用同步—同步变流方式产生 16.7 Hz 电能。借助这种变流设备,能把电能频率由 50 Hz 转换成 16.7 Hz,并同时把三相电能转换成单相牵引电能。

德国高速铁路最高速度 330 km/h,外部电源引自铁路自建的电网,电压等级为 110 kV、频率为 16.7 Hz 的电能

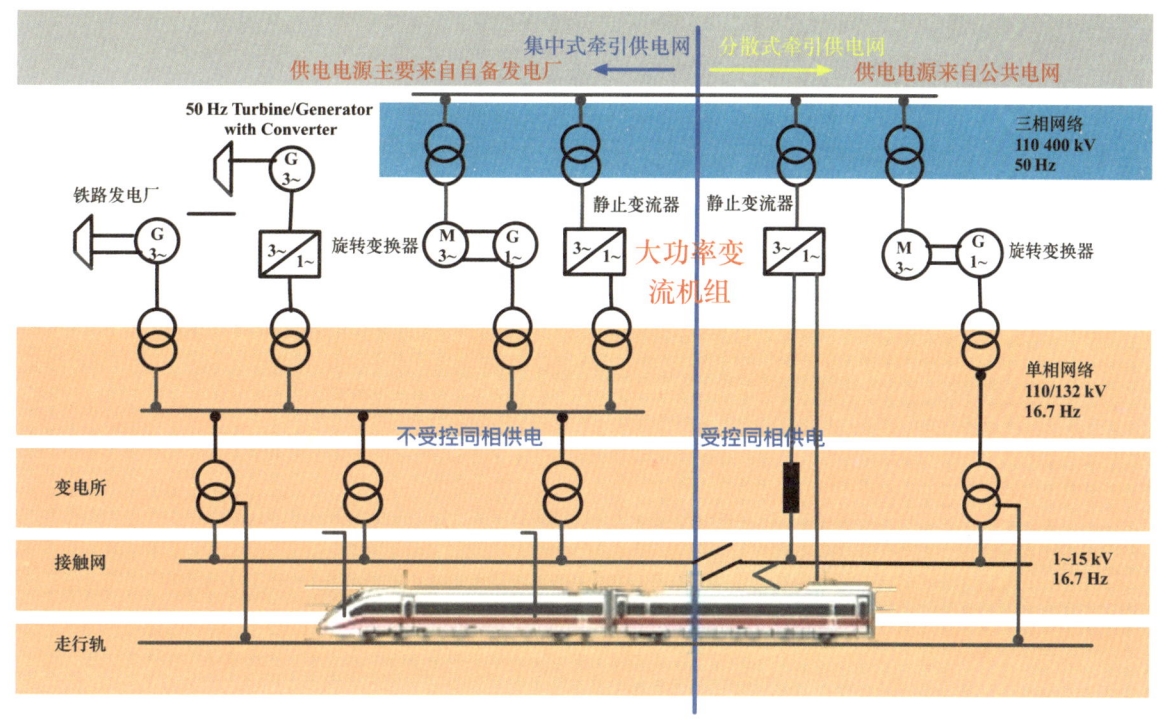

图 1.12 德国铁路牵引供电系统

经由 110 kV 铁路牵引电网进行传输。系统短路容量不小于 1 000 MVA，牵引变压器容量一般为 2×15 MVA。110 kV 铁路牵引电网为电力牵引提供最佳电能并确保可靠供电。

德国铁路供电系统主要为集中式供电（原西德地区），部分为非集中式供电（原东德地区）。自建 16.7 Hz 牵引电网，可以实现贯通式同相供电，使牵引网全线电压同相位，无过分相装置，并缩小牵引变电所间距。

此外，欧洲最早开展了贯通式同相供电技术的研究和应用，早期采用旋转机组，现在普遍采用大功率变流机组 SFC。1994 年，ABB 公司研制了世界第一套 15 MVA 50 Hz/16.7 Hz 交直交型静止变换装置，用于铁路同相供电。

采用大功率变流机组，可实现三相供电网与单相接触网完全解耦，使两者几乎不相互影响。SFC 可让三相供电负荷对称

且功率因数基本为 ±1，降低供电电源短路容量和开关设备造价，同时降低运行费用，缩短 SFC 站投资回收期。

采用 SFC，能让制动能量可控地回馈至三相电网，以得到充分利用，从而节省牵引能量。还能取消电分相和中性区，使接触网耦合成一个持续供电的整体；也可以两端供电，降低电压降，增大变电站间距，提高供电可靠性。

此外，SFC 还可以连续调节接触网的无功分量，从而稳定接触网电压值，即便三相供电网一路电源故障也可实现供电。SFC 可将接触网短路电流限制至额定值，降低既有接地和连接结构的造价，但与此同时，需增加大功率变流器，设备投资成本也会随之大幅增加。

【知识链接】电力牵引的兴起

电力牵引是第二次工业革命的产物，但直到第三次工业革命后才有了超大规模的发展，是现代牵引动力的主力军。电力牵引有机车牵引和动车组牵引两种形式，动车组牵引又有动力集中和动力分散两类。1890 年英国伦敦首先用电力机车在 5.6 km 长的一段地下铁道上牵引车辆。干线电力机车在 1895 年应用于美国的巴尔的摩铁路隧道区段，采用 675 V 直流电，自重 97 吨，功率 1 070 kW。19 世纪末，德国对交流电力机车进行了试验，1903 年德国三相交流电力机车创造了 210.2 km/h 的高速纪录。

中国于 1914 年首次在抚顺煤矿使用 1 500 V 直流电力机车。干线铁路电力机车采用单相交流 25 kV、50 Hz 交流电。1958 年制成第一台以引燃管整流的"韶山"型电力机车。1968 年改用硅整流器，获得成功，称"韶山 1"型，持续功率为 3 780 kW。

国际上已确定几种电力牵引标准电压。直流有 DC600 V、DC750 V、DC825 V、DC1 500 V 和 DC3 000 V。单相交流电压有 AC6.25 kV、AC15 kV、AC25 kV，工频 50 Hz 或 60 Hz

等几种。

【知识链接】自耦变压器

自耦的耦是电磁耦合的意思。普通的变压器原副边没有直接的电联系；自耦变压器原副边有直接的电联系，它的低压线圈就是高压线圈的一部分，即输出和输入共用一组线圈。

在一个闭合的铁芯上绕两个或两个以上的线圈，当一个线圈通入交流电源时（就是初级线圈），线圈中流过交变电流，这个交变电流在铁芯中产生交变磁场，交变主磁通在初级线圈中产生自身感应电动势，同时另外一个线圈（就是次级线圈）可感应互感电动势。通过改变初、次级的线圈匝数比的关系来改变初、次级线圈端电压，实现电压的变换。

自耦变压器与同容量的一般变压器相比较，具有结构简单、用料省、体积小等优点。尤其在变压比接近于1的场合显得特别经济，所以在电压相近的大功率输电变压器中用得较多。

第二章

牵引变电所
——牵引供电系统的心脏

一、牵引变电所的作用及平面布置

二、牵引变压器的选择及备用方式

三、牵引变电所主要设备

四、牵引变电所向接触网的供电方式

五、牵引变电所的防雷

六、牵引变电所的接地

七、牵引变电所的保护配置

八、牵引供电远动系统及综合自动化系统

九、牵引供电的一种新尝试——同相供电技术

牵引变电所之于牵引供电系统犹如心脏之于血液循环系统，是接收与分配电能并改变电能电压的枢纽，是区域变电所到电动车组之间的重要环节之一。它的主要任务是将电力系统输送过来的三相高电压转变成适合电动车组使用的电能，然后分别送到沿铁路线上空架设的接触网，为列车运行供电。牵引变电所对牵引供电系统的电能质量、经济运行和可靠供电，起着关键的作用。牵引变电所的核心设备是牵引变压器（又称主变压器），担负着降压、将三相电转变成单相电等重要任务。

一条高速铁路沿线设置有多个牵引变电所，相邻变电所间的距离（即供电范围）为 50 km 左右。牵引变电所的设计从主接线形式到设备选型、平面布置方案等，都应满足安全可靠、经济性好、维修养护量少的原则。

一、牵引变电所的作用及平面布置

我国的高铁供电采用的是工频、单相 25 kV 交流制，而电力系统是一个三相交流系统，电压标准也不尽相同，不能直接使用，需要经过变换电压等级，同时将三相交流变换成单相交流，才能供高速列车使用。牵引变电所的任务就是将电力系统高压输电线输送来的 220 kV（或 330 kV）的三相交流电，按照牵引供电的标准要求变换成不低于 25 kV 的工频、单相交流电，然后向它的邻近区间和所在站场线路的接触网供电，保证高速列车的可靠电能供应。

高速铁路的单相牵引负荷是一个不对称的负荷，对三相电力系统产生负序电流和负序电压。要减轻负序电流和负序电压对三相电力系统的影响，需要在牵引变电所采用换相接线方式或不同接线形式的变压器。

图 2.1　牵引变电所

牵引变电所的平面布置须认真贯彻国家的技术经济政策，遵循国家制定的规程、规范及技术规定，根据地质、地形条件，因地制宜地选择合理的布置方案，做到技术先进、经济合理、运行可靠、维护方便。

在 AT 供电方式下，常规牵引所的配电装置采用全户外布置，进出线采用架空方式。场坪困难的牵引所，除牵引变压器、自耦变压器采用户外布置外，其余配电装置均采用户内气体绝缘组合电器布置方式（gas insulated switchgear，GIS），变压器与户内配电装置采用电缆连接。在带回流线的直接供电方式下，27.5 kV 侧配电装置可采用户外敞开式布置，也可采用户内 AIS（air insulated switchgear）开关柜。

二、牵引变压器的选择及备用方式

1. 牵引变压器的选择

牵引变压器的选择，包括变压器台数与容量的确定、变压器接线形式的选择等方面。

原则上，牵引变压器台数应结合供电网络规划、系统运行方式、牵引变电所容量等因素综合分析确定。目前，国内高速铁路的牵引变电所一般设置四台单相牵引变压器，每两台构成一组 Vv 接线或 V/X 接线方式，一组工作，另一组固定备用。

牵引变压器容量的选择，也需经过多种因素综合分析确定，其容量大小关系到牵引变电所能否完成供电任务。从安全运行和经济方面看，容量过小会使牵引变压器长期过载，造成寿命缩短甚至烧损；反之，容量过大会使变压器长期不能满载运行，造成容量浪费，增加损耗和运营费用。

牵引变压器容量的确定，一般分为三个步骤进行：

首先，计算容量，即按给定的计算条件求出牵引变压器供应牵引负荷所必需的最小容量。

其次，校核容量，即按列车紧密运行时供电臂的有效电

图 2.2 牵引变压器

流，充分利用牵引变压器的过负荷能力，求出所需要的容量。这是确保牵引变压器安全运行所必需的容量。

最后，安装容量或设计容量，即根据计算容量和校核容量，再综合考虑其他因素（如备用方式等）。按实际系列产品的规格选定牵引变压器的台数和容量。

高速铁路牵引变电所的牵引变压器、自耦变压器，均采用单相、油浸、自冷式并预留风冷条件，隧道内自耦变压器采用高燃点、低凝点绝缘油或采用 SF_6 绝缘变压器。对于牵引变压器接线形式的选择，在前面章节已有介绍，这里不再赘述。

2. 牵引变压器的备用方式

牵引变压器在检修或发生故障时，都需要有备用变压器投入，以确保牵引供电系统的正常运行。由于高速铁路均为双线区段，且运量比较大，牵引变压器一旦出现故障，要求尽快投入备用变压器。备用变压器投入的快慢，将影响到正常供电恢复的时间,这与采用的备用方式有关。备用方式的选择,必须从实际的高速铁路线路、运量,牵引变电所的规模、选址,供电方式及外部条件(如有无公路)等因素综合考虑比较后确定。在高速铁路牵引供电系统中,牵引变压器采用固定备用的方式。

所谓固定备用,即在牵引变电所内安装固定变压器,作为主变压器发生事故或检修时的备用变压器投入运行。采用固定备用方式的电气化区段,每个牵引变电所一般装设两组牵引变压器,一组运行,一组备用。每组牵引变压器容量应能承担全所的最大负荷,满足铁路正常运输的要求。相比于移动备用方式,固定备用方式的优点是:投入快速方便,发挥备用主变压器自动投入装置的功能,可实现不间断行车可靠供电,确保铁路正常运输;又可不修建铁路专用线岔,牵引变电所的选址方

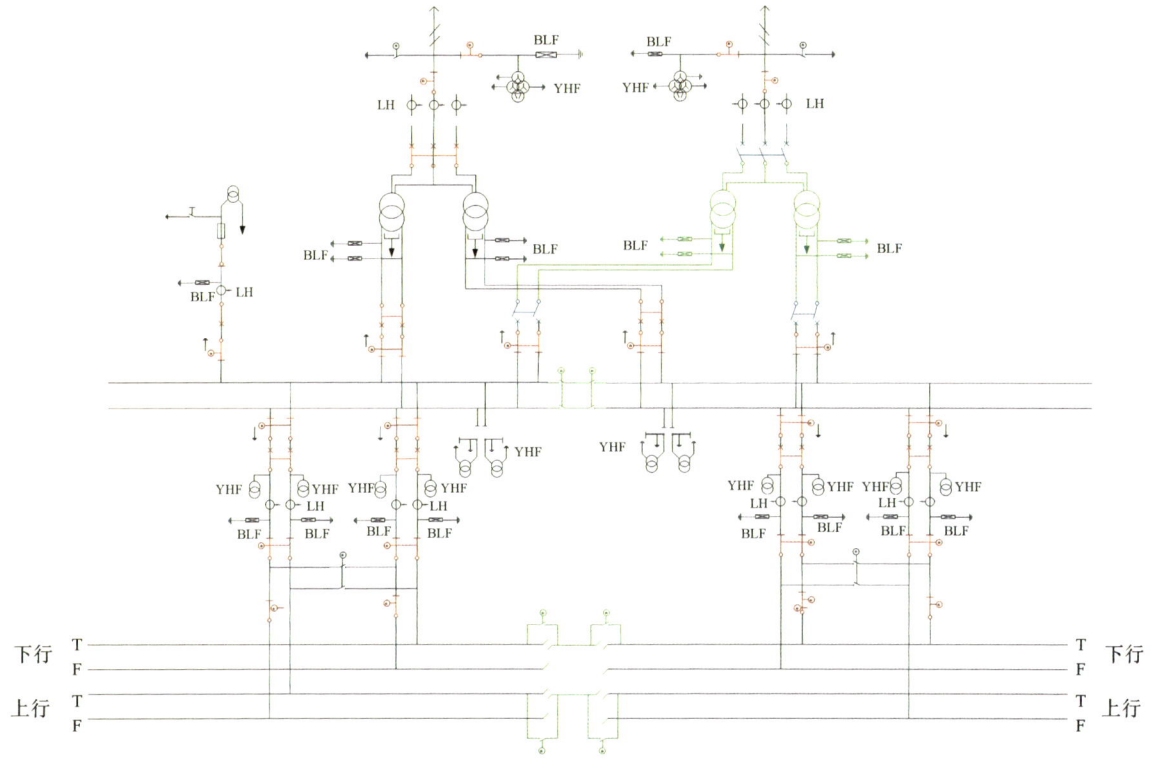

图 2.3 高速铁路牵引变电所系统图

便、灵活，场地面积小，建设工程量小；电气主接线较简单。其缺点是增加了牵引变压器的安装容量。

如图 2.3 所示，我国新建高速铁路牵引变电所目前大多采用这种主接线形式，图中绿色部分为一组备用变压器，备用方式为冷备用。当牵引变压器发生故障或需要检修时，切除工作变压器组，投入备用变压器组。而在实际运营中，两组变压器也经常轮换投切。

三、牵引变电所主要设备

为满足牵引供电系统安全、可靠、经济运行的要求，牵引变电所中配置了各种高压电气设备，其主要任务是对电路进行开、合操作，切除和隔离事故区域，灵活切换变电所运行方式。

1. 高压断路器

高压断路器是一种重要的控制和保护电器，一般由触头、灭弧室、绝缘介质、壳体结构、远动机构等部分组成。

高压断路器要求不仅能开断工作电路，还能开断各种形式的短路故障电路。由于短路电流要比正常负荷电流大得多，这时电路最难断开，所以选择高压断路器时，首先要校核的参数就是断路器开断短路故障的能力。

电力系统发生短路故障之后，要求继电保护装置快速动作，断路器开断越快越好，这样可以缩短系统的故障时间，减轻故障对电气设备及线路的危害，提高系统运行的稳定性。标志断路器开断过程快慢的参数是开断时间：

低速动作断路器：$t > 0.12$ s；
中速动作断路器：$t = 0.08 \sim 0.12$ s；

图 2.4　室外断路器

高速动作断路器：$t<0.08$ s。

电力系统中的电气设备或输电线路有可能在未投入运行之前就存在绝缘故障，甚至处于短路状态，这样在断路器的关合过程中就可能出现短路电流，有可能造成断路器的损坏甚至是爆炸。为避免出现这一状况，断路器应具有足够的关合短路电流的能力。

电力系统输电线路会因雷击闪电和鸟害等突发情况发生瞬时性故障，故断路器应具有自动重合闸能力，这是提高供电可靠性的有力措施。

断路器分合电路时可能会产生过电压，而断路器的绝缘能力应能承受这种过电压。断路器还应有一定的分合次数，以保证足够长的工作年限。

高压断路器一般有 SF_6 断路器、真空断路器、全封闭组合电器（GIS）、半封闭组合电器（half gas insulated switchgear，HGIS）等几种形式。一般 220~330 kV 高压断路器选择 SF_6 断路器、GIS 组合电器、HGIS 组合电器几种形式，27.5 kV 及 2×27.5 kV 断路器采用真空断路器、GIS 组合电器、HGIS 组合电器几种形式。

2．高压隔离开关

高压隔离开关是一种没有灭弧装置的开关电器，不能用于接通和断开负荷电流和短路电流，一般只在电路断开的情况下才能操作。它的用途：在检修电气设备时隔离电压，以保证检修人员的安全；在改变设备状态（运行、备用、检修）时配合断路器协同完成倒闸操作；分合小电流，如分合电压互感器、避雷器和空载母线等。隔离开关的接地刀闸可代替接地线，保证检修工作安全。

隔离开关的形式，应根据配电装置的布置特点和使用要求等因素进行选择。从操动性能分，一般有电动隔离开关和手动隔离开关，在牵引所亭中改变运行方式的开关采用电动操作机构，检修用开关采用手动操作机构。

图 2.5　高压隔离开关

3. 高压互感器

高压互感器有两大类：电压互感器和电流互感器。

电压互感器一次侧接在电网相线之间或者电网相线与中性线之间，二次侧接电压表或功率表、电度表的电压线圈以及继电器或自动装置的电压线圈，用以测量电压。电流互感器一次侧串接在线路中，二次侧接电流表或有关仪表、继电器或自动装置的电流线圈，用以测量线路中的电流。

互感器具有扩张量程、隔离高电压，使电气仪表和继电器标准化等作用。

电网电压很高，工作电流经常很大，而电气仪表和继电器只有在低电压和较小电流下才有好的技术经济性能，因此常用互感器将电信号变小，以达到扩张量程的目的。电网电压及电流虽然多种多样，但电气仪表和继电器的额定电压及电流绝大多数可以做成互感器二次侧额定的电压或电流，这样就给这类产品的生产带来了很大的经济性。此外，互感器的一次侧和二

图 2.6 户外柱式安装的高压互感器

次侧在电气上相互绝缘,二次侧电压很低,可以较好地保证二次系统设备和操作人员的安全。

220～330 kV 电流互感器一般为户外柱式安装,大多采用干式、油浸式、FS_6 气体绝缘式;当与 GIS 组合电器配合使用时采用干式并集成于 GIS 气室内,当与 HGIS 组合电器配合使用时采用套管式。27.5 kV 及 2×27.5 kV 电流互感器根据设备布置特点,其选型有较大区别:与户内 GIS 柜配合使用时采用干式,户外布置时多采用油浸式单体安装或采用干式与断路器同支架安装。

220～330 kV 电压互感器一般为户外柱式安装,大多采用油浸电磁式和电容分压式。27.5 kV 及 2×27.5 kV 电压互感器根据设备布置特点,其选型有较大区别:户内安装时采用干式,户外布置时多采用油浸电磁式或干式。

4. 220 kV 进线侧组合电器柜

按照环境条件,在城市或山区用地困难、环境污染严重、气候条件恶劣的地区,通常也可采用全封闭式组合电器(GIS)或半封闭式组合电器(HGIS)布置在室内或室外。

GIS 是由断路器、隔离开关、接地开关、互感器、避雷器、母线、连接件等单元封闭在接地的金属体内组成,其内部充有一定压力的 SF_6 气体,有优异的灭弧和绝缘能力。HGIS 是一种新型组合电器,由金属外壳密封,把气体绝缘的断路器、隔离开关、接地开关、电流互感器及复合绝缘套管分相组合为一体,其余设备如进线隔离开关、电压互感器、避雷器、母线等分单体设备布置,消除了 GIS 集成度过高带来的一些负面影响。由于 HGIS 体积更小、质量更轻,布置方式灵活,目前正得到越来越多的应用。

GIS、HGIS 设备由于其既组合又封闭,具有占地面积小、维护工作量少且不受操作环境影响等优点,同时安装非常方便,有很高的可靠性和灵活性。主要不利因素是设备价格整体偏高,在实际应用中受到一些限制。

另一方面,从国产化角度看,虽然常规的室外单体设备整体的集成化程度与可靠性稍低,但基本上可实现国产化,成本较低,且运营经验也很丰富。GIS、HGIS 设备在国内可选择的生产厂家较少,国产化率低,成本也较高。

因此,目前国内正在建设的高速铁路中,牵引变电所进线侧设备基本上还是采用室外中型布置。在已建成的普速铁路中,一些场地受限制的地区,为减小变电所场坪,采用了 GIS 设备室内布置。随着 GIS、HGIS 设备逐渐国产化,运行经验越来越丰富,GIS(特别是 HGIS)设备将会得到越来越多的应用。

图 2.7　220 kV 户外 GIS 设备

图 2.8　220 kV 户内 GIS 设备

5.2 × 27.5 kV 馈线侧组合电器柜

AT 牵引供电方式 2 × 27.5 kV 侧除了能够采用分散设备全户外布置方式外，还可以采用 GIS 开关柜和空气绝缘开关设备室内布置两种方式。

GIS 开关柜把断路器、隔离开关（电动或手动）、母线、电压互感器、电流互感器、接线端子等单体设备全部集成在一个 600 mm 宽的金属封闭柜子里，充以一定气压的 SF_6 绝缘气体。AIS 开关柜将断路器、电压互感器、隔离开关、所用变压器等设备装在由金属隔板隔成的柜子里，成为各个独立的功能单元。AIS 设备可用手车移出，设备外绝缘采用空气绝缘，母线置于柜顶或柜底，柜子宽度通常为 800 mm 或 1 200 mm。

除价格较高外，GIS 与 AIS 开关柜在占地面积、施工、运行、免维护及可靠性等各方面都有着较大的优势。与 AIS 相比，GIS 体积更小，维护工作量更少，设备技术水平更高。随着生产及技术国产化，其成本降低，使用也在日渐推广。

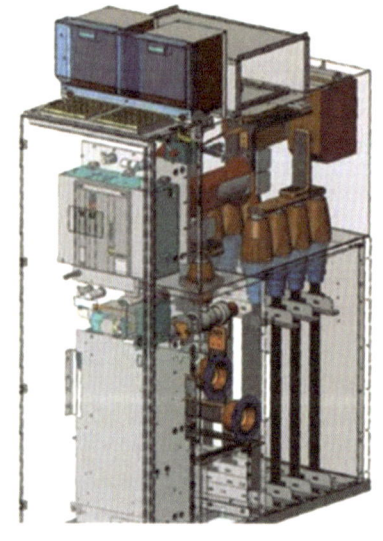

图 2.9　2 × 27.5 kV 户内 GIS 柜　　　图 2.10　2 × 27.5 kV 户内 GIS 柜内部构造

四、牵引变电所向接触网的供电方式

牵引变电所向接触网的供电方式，主要是根据牵引变电所的分布情况、供电长度、线路情况以及供电的可靠性而定。通常牵引变电所向牵引网供电有单边供电和双边供电两种方式。

1．单边供电

将两个牵引变电所之间的接触网分成两个供电分区，每一个供电分区只能从一端的牵引变电所获得电能，此方式称之为单边供电。如图 2.11 所示。

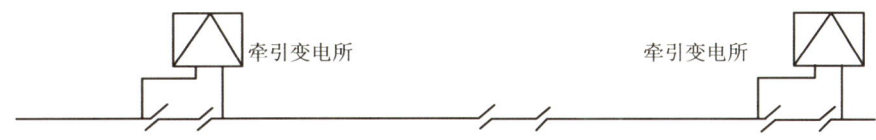

图 2.11　单边供电示意图

单边供电时，当某一供电分区接触网发生故障，只影响本供电分区，而不影响相邻供电分区的正常供电，从而故障范围缩小，而且，单边供电方式的牵引变电所馈电线保护装置也比较简单。目前各国此方法采用较多，我国单线电气化铁路全部采用单边供电。

2．上下行并联运行

在复线电气化区段，采用较多的是单边上、下行并联供电方式。在相邻两牵引变电所之间的供电分区分界点设置分区所（具有断路器），分别将两个供电分区上、下行接触网并联，使每个供电分区实现并联供电，如图 2.12 所示。

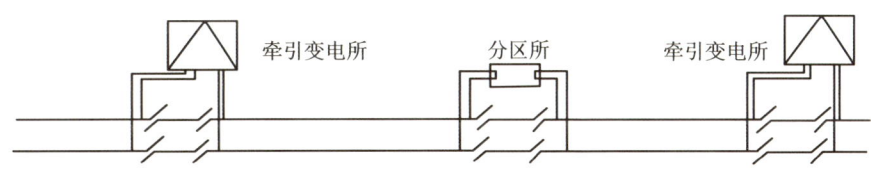

图 2.12　上下行并联供电示意图

这种供电方式的优点是，它能均衡上下行供电臂的电流，降低接触网损耗，提高供电水平，在有轻重车方向和线路有较大坡度情况下，效果更为显著。我国复线电气化铁路大多采用这种供电方式。若复线上、下行牵引网实现分开的单边供电，则由于上、下行列车负荷不同，致使上、下行接触网之间将出现较大电压差，并联运行可有效避免这种现象。

3. 双边供电

在相邻两个牵引变电所之间的接触网中央断开处设置断路器，需要时将断路器闭合，则相邻牵引变电所间的供电分区可同时从两侧牵引变电所获取电能，这种供电方式称之为双边供电。当断路器断开时，即成为单边供电。设断路器的处所称为分区亭。如图 2.13 所示。

图 2.13　双边供电示意图

双边供电均衡了负荷，可以提高接触网的电压，使整个供电范围内接触网电压水平有较大提高，并降低接触网中的电能损耗。但双边供电一旦某处发生故障时，影响范围大，会波及两个供电分区。另外，当牵引变电所电源侧线路发生故障时，低压侧向高压侧有反馈，会造成继电保护设置困难。双边供电的两变电所的电源频率必须一致，电压尽量相等，还必须考虑双边供电以后对三相电力系统的影响。由于不同国家的电网结构和管理模式的不同，采用单边供电还是双边供电也主要取决于各国国情。我国高速铁路的牵引供电系统一直采用单边供电方式，双边供电方式在我国实际工程中没有得到应用，但在国外，如俄罗斯的高速铁路就采用了双边供电方式。

当某一牵引变电所发生严重故障或需要停电检修时，该变电所负担的供电臂通过闭合分区亭的开关，由两侧相邻的牵引变电所临时供电，这种供电方式称为越区供电。越区供电时，相邻变电所的供电范围扩大，严重影响供电质量，一般不被允许，只是在保证客运和重点列车正点运行等情况下采用，作为避免中断行车的一种临时措施。

五、牵引变电所的防雷

高速铁路大规模运行以来，雷击已成为牵引供电系统故障的"元凶"之一，若不处理好防雷问题，系统故障将有可能导致铁路重大事故和巨大损失。

由于高速铁路采用大量的高架桥结构，供电系统位置高，容易引雷；雷击频繁时，会导致变电所跳闸和绝缘子遭受破坏等故障频繁发生。此外，高铁牵引变电所由于电压等级的提升，架空线高度也随之提高，也会增加遭受雷击的概率。如京沪高铁在开通初期，牵引变电所的过电压事故竟高达40余起，合武线、福厦线等线路开通以来也发生过不同程度的雷击故障。

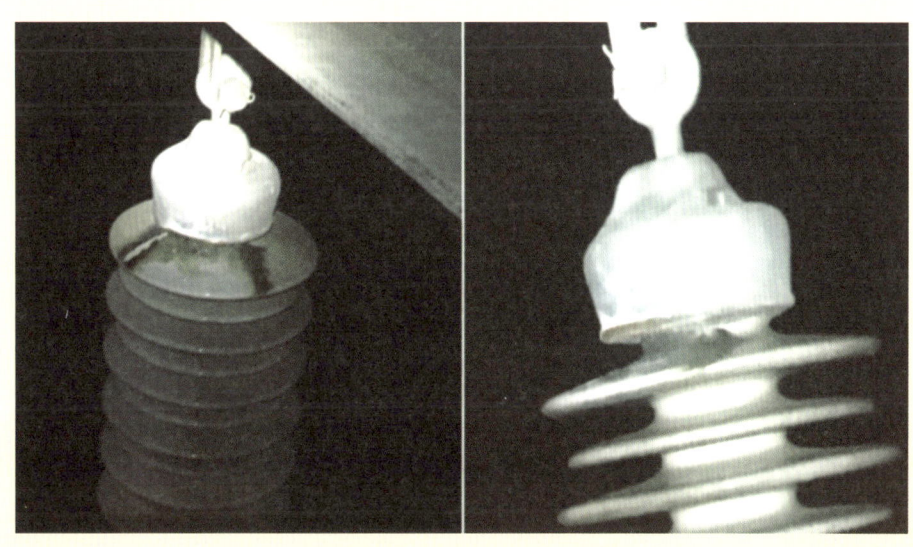

图 2.14　绝缘子遭雷击损坏

可见，雷击对牵引变电所带来的伤害是巨大的。因此，建立完善的高速铁路牵引变电所防雷体系，提高牵引变电所的耐雷水平，是高速铁路安全可靠运行的必要保证。

1. 变电所遭受雷击的方式

高铁牵引变电所的防护是一个十分复杂的系统工程，所内电力设备及其配电设施受到雷击的情况主要有两个方面：雷电直击和雷电沿着输电线侵入变电所。这两种方式对牵引变电所设备都能够造成巨大威胁，所内的变压器等主要电气设备的内绝缘大多没有恢复能力，一旦遭雷击损坏，高速行驶的列车就会中断供电，造成的后果十分严重。为防止变电所雷害的发生，通常采用避雷线保护进线段以防止雷电波入侵变电所，采用避雷针保护变电所免受雷电直击。

由于变电所都安装有避雷针，按照规程方法正确地设计避雷针的保护范围，即能使变电所防直击雷的可靠性提高。因此，本节所讨论的变电所雷击主要针对的是雷电侵入波，而雷电侵入又包括沿 220 kV 侧架空线路侵入和沿 27.5 kV 电缆侧侵入。

架空线路雷电波侵入

架空导线与避雷线接至牵引变电所的门型架，对于这种接线方式，雷电波侵入的主要途径有近区雷击杆塔塔顶、近区雷击避雷线档距、进线段之外的远区落雷沿高压电源导线侵入 3 种。

（1）近区雷击杆塔塔顶。雷击线路接地部分（避雷线、杆塔等）会引起绝缘子串的闪络反击，最严重的是雷击某一杆塔的塔顶，这时大部分雷电流将从该杆塔入地，产生较高的过电压。对于牵引变电所的雷电研究最主要的应为雷击终端杆塔。

（2）近区雷击避雷线档距。此时最严重的情况是雷击点处于档距中央，因为这时从杆塔接地点反射回来的电压波抵达雷击点的时间最长，雷击点的过电压幅值最大。

（3）进线段之外的远区落雷，沿高压电源导线侵入。尽管 220 kV 线路全线装设了双线避雷线，但对于保护角较大的远区线路，仍存在雷电绕过避雷线击中导线的可能性。

具体雷击方式如图 2.15 所示。

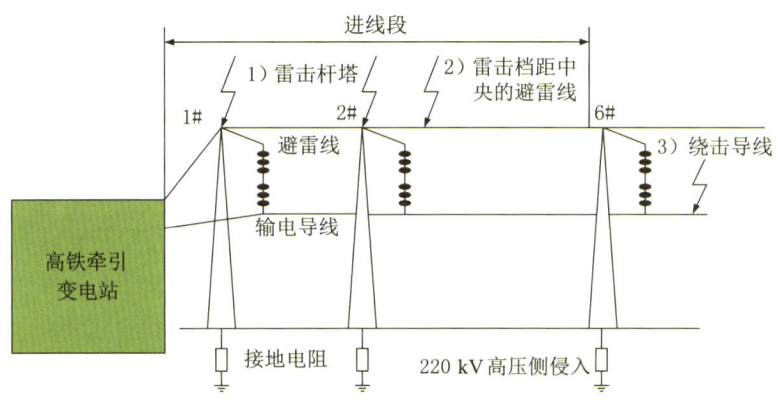

图 2.15 雷击牵引变电所的情况之一

高压侧电缆雷电波侵入

目前，某些牵引变电所出于地理位置、造价结构等因素考虑，在进入变电所的最后档距改用地下电缆的方式进入，如图 2.16 所示。

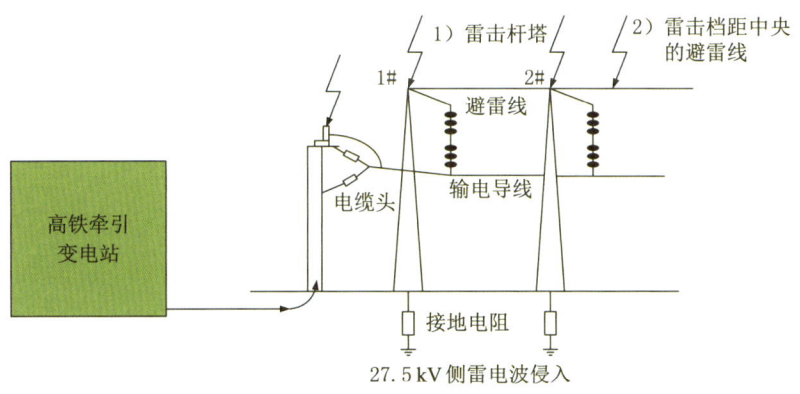

图 2.16 雷击牵引变电所的情况之二

在 1 号杆塔之外的线路落雷还是与架空线直接引入的情况类似，只是有效地减少了最后一段档距的落雷。不可忽略的是该方式下的电缆头处于无保护状态，一旦发生直击电缆头，相当于雷电波直接侵入电气设备，对变电所的危害是不可估量的。而且，电缆的设置结构也造成了电缆的维护困难。

对于 27.5 kV 侧，由于没有避雷线的保护，电缆发生雷击事故的路径可以比拟图 2.15，雷击电缆头时雷电波侵入变电所低压侧，也会对变电所内尤其是牵引供电侧的设备造成极大危害。

在遭受雷电波侵入时，判断高铁牵引变电所是否会因雷击引发绝缘事故，常通过判定所内电气设备上出现的雷电过电压幅值是否超过其耐受雷电冲击电压的要求。此外，门型架构上设置的绝缘子串作为外部线路与所内设备的连接点，也是重点保护的对象。高压侧线路的高度远大于低压侧，发生雷击事故的频率更高。

2. 变电所的防雷措施

直击雷防护

变电所的直击雷过电压保护可采用避雷针改变雷电闪击方向，使其按照预设的路径泄流，避免电气设备遭到破坏。直击雷防护范围应包括室外配电装置、连接配电装置的导线、有室内配电装置的建筑物。

根据国家有关规定，110 kV 及以上配电装置，由于设备的绝缘水平高，在土壤电阻率较低的地区不易发生反击，考虑成本问题，一般选择将避雷针设置在附近的配电装置构架上。但当该地的土壤电阻率大于 $1\,000\,\Omega \cdot m$ 时，不宜设置构架式避雷针。对于装有避雷针的配电装置及构架需要设置辅助接地体，为了保证雷击避雷针时不发生对配电装置及构架的反击放电，危及变压器等设备，辅助接地体与主变压器接地点间的电气距离必须大于 15 m。此外，主变压器的绝缘水平不高，不宜在其门型构架上装设避雷针。

峡谷地区的变电所宜用避雷线保护。已在相邻建筑物保护范围内的建筑物或设备，可不装设直击雷保护装置。露天布置的 GIS 外壳可不装设直击雷保护装置，但外壳应接地。

牵引变电所近区接触网直击雷产生的高幅值雷电侵入波对所内绝缘设备危害较大。为降低损害概率，对雷电地闪密度 2.78 次 /km^2·a 及以上或者雷暴日 40 天及以上的地区，可在所有架空馈电线和牵引变电所上网点两侧各 1 km 范围内的接触网上安装避雷线，实现进线段保护。变电所馈电线两侧的避雷线不直接和所内配电装置架构相连，但与牵引变电所的主接地网相连，连接线采用裸导线，埋在地中的直线长度不小于 15 m。在牵引变电所 27.5 kV 侧，馈电线电缆两端均设置无间隙避雷器，起到过电压保护作用。

雷电波侵入防护及二次系统防雷

针对雷电侵入牵引变电所的几种主要途径，结合牵引变电所运行及设备配置情况，可从限制过电压幅度、接地系统设计、屏蔽及隔离等几方面采取措施，防止雷电过电压对变电所设备造成的损害。

加装浪涌保护器

对电源系统及通信回路的防护，应从控制室内交流系统、直流系统、重要的交直流馈电回路、各类通信接口等方面全面考虑。目前，较为有效的措施是在交直流电源系统、综合自动化系统及通信接口适当的位置加装浪涌保护器（surge protection device，SPD）。当浪涌保护器上出现过电压时，作为速度最快的元件，瞬变电压抑制二极管首先动作，并开始泄放电流，输出电压被钳位在截止电压上，可以有效避免过电压对设备的损害。

结合牵引变电所二次系统配置情况，建议浪涌保护器的配置原则：在交流屏的 2 路电源进线、各段母线上分别安装 1 台电源 SPD，防止雷击过电压侵入交直流系统，可将大部分雷电流泄放到大地中，初步保护整

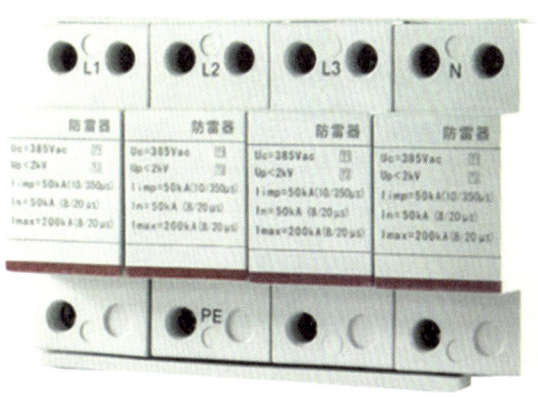

图 2.17 浪涌保护器

个二次系统的安全。在交流盘至不间断电源（uninterruptible power supply，UPS）、通信室等重要的馈出回路上设置电源 SPD，以保证 UPS 电源及远动通信设备的安全可靠运行。在直流屏进线端设置电源 SPD，确保直流电源系统的抗雷击过电压能力。在直流屏的控制母线和合闸母线上均设置电源 SPD，防止合闸电源线缆进出高压设备区感应的雷电过电压，以及控制电缆在电缆沟中受雷电电磁场的影响或其他电缆的感应而产生过电压。

综合自动化系统是牵引变电所二次系统的核心，为确保综合自动化系统的安全，需在综合自动化系统的接引交直流电源的端子排连接处和接引电压电流互感器二次侧的电缆连接处设置电源 SPD。

由于牵引变电所的二次设备之间通信主要采用 BNC、RJ45、RS232、RS485 等接口，感应雷击过电压可能导致该类通信端口损坏，因此，需在这些通信接口处安装信号 SPD。控制室内，因装有从室外引入监控线的视频监控屏，所以也应安装信号 SPD。

合理设计接地装置

一个良好的接地系统对牵引变电所二次系统过电压防护至关重要。在设计接地网时，不能只关注接地电阻值，更要验算接触电势和跨步电势。设计接地网时尽量采用均压效果更好的方孔接地网。根据接触电势和跨步电势的验算或仿真情况合理设置水平均压带，避免雷击时地电位不均而损坏二次系统。在避雷器及避雷针处应尽量多布置一些垂直接地体，利于雷电流的尽快散泄，防止雷电流过大而引起局部电位升高。接地网施工时应确保设备接地线与主地网的可靠连接。

屏蔽、阻断雷电电磁场侵入二次系统的通道

对于牵引变电所来说，可以采取的屏蔽措施：一是二次设备外壳采用屏蔽材料，使自身具有较强的抗干扰能力；二是二次电缆采用屏蔽电缆，由于不接地的屏蔽层对电场干扰没有屏

蔽作用，因此屏蔽层必须接地。为了进一步降低雷电电磁场对二次电缆的电磁干扰，建议尽量以辐射状敷设所内的二次电缆。电缆屏蔽层的接地点应尽可能远离雷电流入地点，如避雷针和避雷器的接地点。

隔离

牵引变电所综合自动化系统接入的开关量采集回路主要是在隔离开关和断路器的辅助接点处，而隔离开关和断路器均处在强电回路中，可能会受到操作过电压或者雷电过电压的干扰。所以，这些回路在接入综合自动化系统时建议采取光耦隔离措施。另外，对于既有牵引变电所，在交直流系统内增加浪涌保护器不方便时，可考虑加装隔离变压器。

牵引变电所二次系统的防雷已逐渐引起人们的重视，同时，二次系统的防雷是一个系统工程，各项防雷措施需要综合运用才能确保牵引变电所二次系统的安全可靠运行。相对于一次设备已经比较成熟的防雷保护方案，牵引变电所二次系统的防雷保护措施还不够完善，仍需在实践中不断地补充和优化。

六、牵引变电所的接地

在牵引供电系统中为了工作和安全的需要，需将系统及其电气设备的某些部分与大地相连接。接地是一项系统性的工程，其实质是防止变电所发生接地短路时故障点的地电位升高，因此接地工程实施效果直接关系到牵引变电所是否能正常运行，进而影响牵引供电系统的安全性和可靠性。

牵引供电系统的接地分为工作接地（系统接地）、防雷接地、保护接地。接地系统具有收集铁路牵引回流中的大地回流以及为一次设备提供过电压（雷电过电压、操作过电压）保护的功能，对变电所接地系统结构和性能的研究、提高高速铁路运行质量有着非常重要的意义。

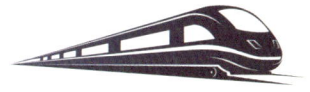

1. 接地系统的结构

变电所传统的接地方式中，所有电气设备各项功能的接地采用的都是同一个接地网。接地网采用扁钢布置成水平长方形网孔结构，并根据所在地的土壤结构和电阻率决定接地网的大小以及网孔的尺寸，在设备集中的地方设置垂直接地体以加强散流效果。水平接地体的外缘闭合，外缘各角煨制成圆弧形，圆弧的半径不小于均压带间距的一半。水平接地体的间距不宜小于 5 m，而垂直接地极的间距应大于或等于其长度的 2 倍。

牵引变电所的接地网可以为牵引电流提供地回流收集网，为变电所提供防雷接地，为变电所中设备外壳、电缆铠装、各种屏柜以及防护网栅提供保护接地，为所内弱电系统电源提供工作和保护接地。

变电所的接地装置应该敷设于变电所围墙之外，为避免人体触电事故发生，与墙距离至少要在 3 米以外。在敷设过程中，埋深要超过 0.6 米，特殊情况时可根据当地地质条件调整埋深。

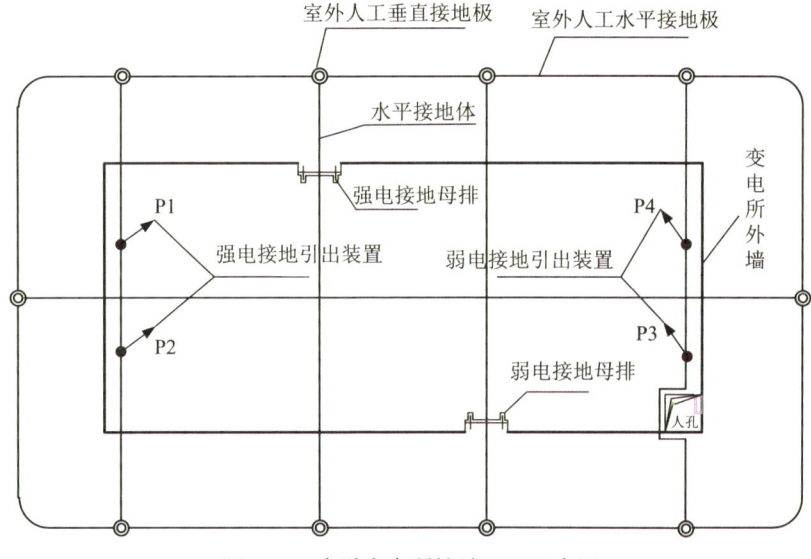

图 2.18　牵引变电所接地平面示意图

2. 接地设计

由于接地装置埋设于地下，维护较困难，所以确保其设计满足技术参数要求，在其运行寿命周期内，始终能起到应有的作用，是牵引变电所接地系统设计时必须重视的问题。

接地系统的工程设计中，如何选择接地装置的材料、降低接地电阻、有效减少二次设备反击烧损事故以及接地网的布置形式等均是重点研究的问题，应综合工程实际进行技术性和经济性的比较。

接地系统设计的主要内容如下。

资料收集

设计牵引变电所的接地系统，首先要知道变电所的规模大小、电压等级、主变容量、占地面积等资料。还需要掌握变电所亭所处位置的地形、地势、土质情况、土壤酸碱度、土壤电阻率等环境条件。此外，气象资料的收集也非常重要，主要是降雨情况、长年土壤干湿度变化情况、雷电活动情况、雷暴日、落雷密度和雷电强度等。

接地网材料的选择

选择接地装置材料应综合考虑以下要求：良好的耐腐蚀性能，能持续负载大电流，运行寿命周期长，同时还要考虑接地装置施工的难易程度和工程投资的大小。目前通用的接地装置材料是钢和铜，也有采用铜包钢的。在确定接地体材料时应进行全面的技术、经济比较，见表2.1。

表 2.1 接地材料技术经济比较表

	铜	铜包钢	钢
施工难易程度	难	较容易	容易
抗化学腐蚀能力	强	较强	一般
电化学腐蚀电极电位 /V	0～−0.2	−0.2～−0.6	0～−0.8
工程造价	高	中	低

为提高接地网的防腐蚀能力，牵引变电所接地网通常采用镀锌钢材。镀锌钢材成本较低、机械强度高，便于施工安装。但在现场施工时，接地网焊接处的防腐措施受到现场条件的限制，无法达到镀锌钢材的原始防腐效果，一般运行 8～10 年就会出现严重锈蚀情况。

铜是良好的导电材料，导电率高、热容量大、耐腐蚀能力强、投运后检修维护工作量小，而且铜属于无磁材料，电感小。从短路电流耐受能力比较用材量，铜材为钢材的 1/3；从接地电阻比较用材量，铜材为钢材的 1/8。铜接地网的接地电阻和地电位比钢接地网小，同时能保证可靠运行 25～30 年。但铜接地体的机械强度比较低，敷设垂直接地体时，必须先钻孔，再将接地体插入孔中，同时涉及回填土的问题，施工难度较大。另外，接地网采用铜材，工程造价比较高。

铜包钢是一种双金属复合材料，它既有钢的高强度和高导磁性，又具有铜较好的导电性能和优良的耐腐蚀能力。根据集肤效应，当铜包钢表面铜层大于 0.25 mm 时，钢芯载流很小，只是受力体。铜包钢接地体可以直接打入地下，施工较为方便，工程造价介于镀锌钢材和铜之间。

在工程实施时，可以综合考虑以上因素，对接地装置材料进行选择。目前，普速铁路牵引变电所的接地网材料一般用钢材，在腐蚀性较强的地区采用铜包钢材料。在高速铁路和客运专线中，考虑到短路电流大、地网回流大等特点，接地网材料多选用铜材。

接地网寿命的考虑

牵引变电所的电气设备寿命一般按 30 年要求，考虑到接地网埋入地下难以更换，接地网的使用年限不能低于电气设备的寿命，建议按 40～50 年考虑。这样，即使更换了地面上的设备，接地网仍然安全可靠，可以继续运行。在选择接地网导体截面时，应按热稳定需要的最小截面再加上 30 年以上的腐蚀截面考虑。

接地电阻限值的确定

根据相关规范要求，需通过短路入地电流确定牵引变电设施接地电阻限值。高速铁路一般采用大电流接地系统运行方式，在运行过程中发生单相接地故障时，会有强大的单相短路电流 i_d 从接地点注入地中，从而产生很高的接地电压。一般来说，在发生接地故障时，继电保护装置会启动，最高允许接地电压为 2 000 V。因此，在牵引变电所接地设计时，接地电阻应满足 $R_{jd} \leqslant 2\ 000/i_d$。

当 $i_d \geqslant 4\ 000$ A 时，可得 $R_{jd} \leqslant 0.5\ \Omega$。故而在牵引变电所接地设计中，一般接地电阻均按 0.5 Ω 设计。当接地网的接地电阻不符合相关规范要求时，可通过技术经济比较适当增大接地电阻，同时应采取措施确保人身和设备安全可靠。

接地电阻的大小除了和大地的结构、土壤的电阻率有关外，还与接地体的几何尺寸和形状有关，当雷电冲击电流流过时，接地电阻还和流经接地体冲击电流的幅值和波形有关。

降低接地电阻的措施

接地装置长期运行在地下，受地下水位和水土环境的影响，运行环境极其恶劣，接地装置面临化学腐蚀和电化学腐蚀的双重考验。同时，接地装置敷设环境的土壤电阻率直接影响接地装置腐蚀程度，因此在设计接地装置时应根据当地的土壤电阻率进行选择。

在土壤电阻率高、面积小的地区进行接地设计，要达到接地电阻要求是很难的。为了降低接地电阻值，在设计和施工时可采取适当增加接地体的尺寸、深埋接地极、人工改善土壤、采用降阻剂和敷设外引接地极等措施。这些措施应根据接地方案、运行环境、施工可行性和工程造价等方面综合考虑。

接地网的布置形式

牵引变电所的接地装置，大多数都是以水平接地极为主，外缘闭合、内部敷设若干均压导体的接地网。在以往的设计中，均压导体一般按等间距布置。由于端部效应和邻近效应，各均压导体散流很不均匀，接地网边缘部分的导体散流大约是中心部分的 3～4 倍。因此，接地网边缘部分的电场强度比中心部分高，电位梯度较大，整个接地网的电位分布不均匀，且不均匀程度随接地网面积的增大和网孔数的增多而越来越严重。

不难看出，均压导体采用不等间距布置的形式更为合理。该布置形式的中部间距大、边缘间距小，大大降低了电位梯度分布不均匀的危险，提高了接地网对人身和设备的安全水平。接地导体的散流能力得到充分利用，可大大节约钢材和相应的施工费。入地故障电流密度分布比较均匀，有利于降低接地电阻，地表电位分布均匀，能有效降低接触电势与跨步电势。

由于导体之间的屏蔽作用，在接地网内增加垂直接地体对减小接地电阻的作用不大。为了加强冲击电流的扩散而装设的垂直接地体一般只装在变压器、避雷针、避雷器下面。用于降阻的垂直接地体一般只布置在接地网的外缘，并且垂直接地体间的距离应大于垂直接地体长度的 2 倍。

牵引变电所内设集中接地箱，与接触网 PW 线、钢轨通过回流金属导体相连接。线路土建工程施工先于变电工程施工，需要在线路施工中预留接地装置的接地母排、过轨排管及接地回流导体引上和引下的管洞。

3. 综合接地系统的发展

随着高速铁路及客运专线的发展，牵引变电所的设备设施发生了很大改变，综合自动化系统得到了广泛应用，原有的继电保护以及测量信号设备都被微机系统取代，并且增加了大量的通信以及远程监控设备。如此一来，传统的接地系统的问题或缺陷在运行中逐渐显现，一是接地网各个部位电位不相等，二是电磁兼容性的问题。

为了解决牵引变电所接地系统中存在的问题，变电所的接地网逐步向综合接地系统发展。综合接地包括两个方面的内容：

其一，结构上综合了各种接地体，在变电站接地网与建筑物基础、电缆铠装、地下管道以及其他接地网之间实行互连，形成一个高低压兼容、强弱电合一的接地网。

其二，在功能上综合了接地系统的各种用途，包括为牵引负荷的地电流、杂散电流提供回流路径，为各类过电压提供保护接地，为通信系统提供工作接地以及保护接地，为电子设备和通信设备提供屏蔽接地。

在变电所综合接地系统的设计中，主要是从拓扑结构上进行改造来解决接地网各个部位电势不相等的问题。常用的方法是采用环网消除局部电位差，并利用环网之间联络线来减小环网之间电位差。各接地环网通过联络线与变电所的主接地网连接以减少各接地环网电位差，避免在各接地环网之间的二次电缆或通信电缆屏蔽层中产生大电流而烧坏这些设备。

根据设备的不同用途及不同位置设置多个接地环网，一次设备与二次设备分别接于不同的接地环网中，回流电流单独使用一个环网，强弱电设备分别设置接地母排并采用并联接地方式。这样不但可以减少同一个系统中不同设备接地点的电位差，还可以降低高压设备以及电源对综合自动化装置中通信和信号设备的电磁干扰，有效地解决了传统接地系统中存在的问题。综合接地方案如图 2.19 所示。

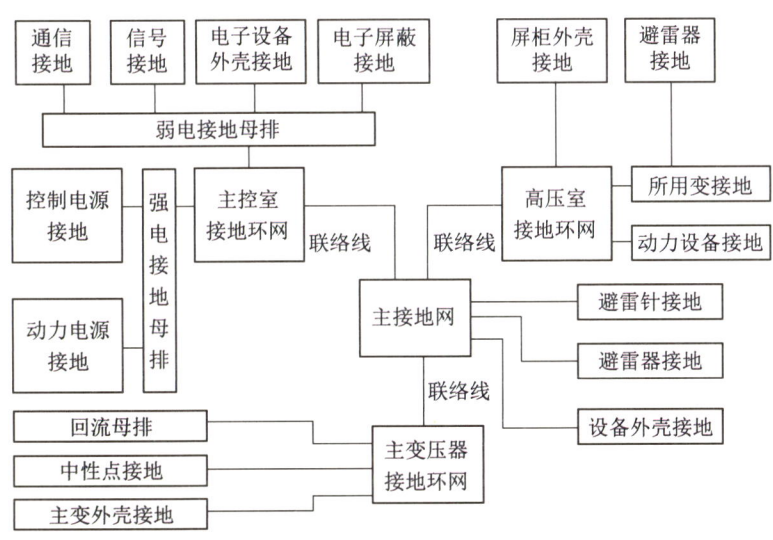

图 2.19　牵引变电所综合接地系统方案框图

七、牵引变电所的保护配置

具有可靠性、选择性、灵敏性和速动性的保护配置，是高速铁路牵引变电所安全供电的可靠保证。牵引变电所内的主变压器和馈线是重要的保护对象，对它们进行保护配置，可以在变压器内部故障、外部馈线故障、接触网短路等特殊情况时，快速准确地将故障设备和故障区域隔离，通过倒闸操作、备用设备投入等操作，实现非故障区的继续供电。

高速铁路牵引变电所继电保护配置的方案中，可以采用差动保护、低压启动的过电流保护等方式来保护220 kV牵引变压器，其中差动保护作为主保护，低压启动的过电流保护作为后备保护。主保护是一次保护，当发生故障时能瞬时动作，保证发生在整个保护范围内的故障都能以最短的时间切除，并保证系统中其他非故障部分继续运行。当主保护因为各种原因没有动作，在经过一定延时后，另一个保护动作将故障回路断开，这个保护就是后备保护。主保护一般反映变压器的内部故障，后备保护则反映变压器外部故障，保护范围主要是变压器外部线路。

变压器电流差动保护主要用来保护变压器内部及其引出线上发生的各种相间短路故障，同时也可以用来保护变压器单相匝间短路故障，其原理如图2.20所示。在变压器的两侧均装设电流互感器，并在两电流互感器之间接入电流继电器，在继电器线圈中流过的电流即是两侧电流互感器的二次电流差。

变压器正常运行及外部故障时，差动回路电流在理论上应该为零，即$I_k = |I'_1 - I'_2| = 0$。考虑到两侧电流互感器的特性不可能完全一致等原因，在正常运行和外部短路时，差动回路中仍有不平衡电流流过，此时就要求不平衡电流应尽可能地小，以确保继电器不会误动作。当变压器内部发生相间短路故障时，在差动回路中由于I'_2改变了方向或等于零，这时流过

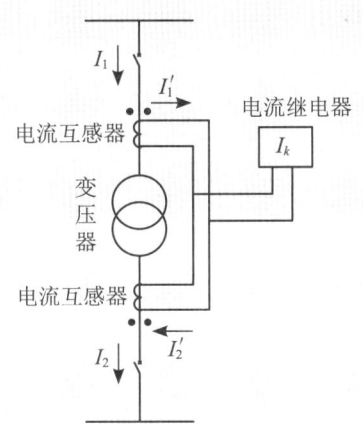

图 2.20　变压器差动保护原理图

继电器的电流 $I_k = |I'_1 + I'_2| \geq I_{set}$，能使继电器可靠动作。由于差动保护对保护区外故障不会动作，因此差动保护不需要与保护区外相邻元件保护在动作值和动作时限上相互配合，所以在内部故障时，可以瞬时动作。

过电流保护在变压器的保护装置中主要作为后备保护。在实际应用中，由于牵引供电系统为重负荷供电线路，有可能会造成过电流保护误动作，所以常采用低电压启动方式提高过电流保护的可靠性，即采用低电压启动过电流保护作为牵引变压器高、低压侧的后备保护。牵引变压器低电压启动过电流保护的主要理论依据，是牵引网正常工作时的最低持续运行电压不低于 20 kV，牵引变压器低压侧母线的最低设计电压一般为 24 kV。因此，在牵引供电系统正常运行时，母线电压大于低电压整定值，即使负荷电流大于动作电流整定值，该保护也不会误动。

由于采用了低电压启动元件，所以过电流保护的整定可以按照躲过额定电流来整定，而不用按照躲过 3 倍变压器额定电流值进行整定（牵引变压器要求在 3 倍的额定负荷下还要正常工作 2 分钟），从而大大提高了保护的灵敏性。牵引变压器低压侧采用单相式低压启动过电流保护，保护原理如图 2.21、

2.22 所示。

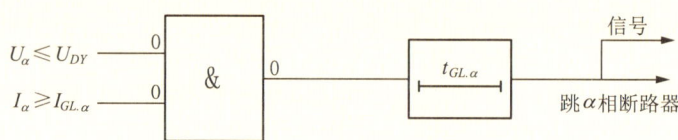

图 2.21 α 相低压启动过电流保护原理

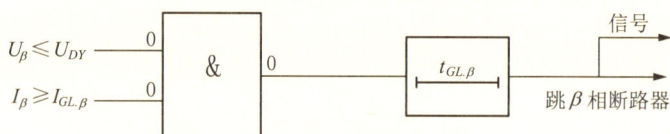

图 2.22 β 相低压启动过电流保护原理

图中，U_α、I_α 分别为牵引变压器低压侧 α 相的电压和电流，U_β、I_β 分别为牵引变压器低压侧 β 相的电压和电流，U_{DY} 为低电压启动判据定值，$t_{GL.\alpha}$、$t_{GL.\beta}$ 分别表示低压侧 α 相、β 相的动作时限，$I_{GL.\alpha}$、$I_{GL.\beta}$ 为低压侧 α 相、β 相的过电流定值。由于牵引变压器 α 相、β 相的容量经常不相等，因此两相的过电流定值也往往需要分别计算。当变压器低压侧的单相电流高于过电流定值且单相电压低于低电压启动判据时，电流元件和电压元件同时动作，时间继电器经过一定的时延后，若故障仍存在，则相应地断路器跳闸，将故障切除，若故障消失，则后备保护返回到正常工作状态。

牵引变压器高压侧采用三相式低压启动过电流保护，并用作差动保护和低压侧过电流保护的后备保护，该保护同样利用了低压侧母线电压，其原理框图如图 2.23 所示。

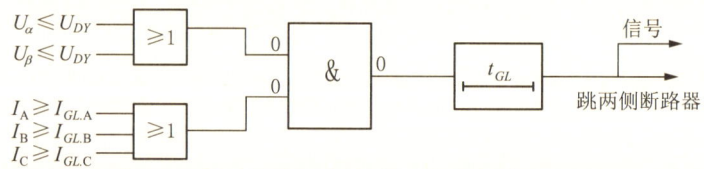

图 2.23 高压侧低电压启动过电流保护原理

图中，I_A、I_B、I_C 分别为牵引变压器高压侧 A、B、C 相的测量电流，$I_{GL.A}$、$I_{GL.B}$、$I_{GL.C}$ 分别为高压侧 A、B、C 相的过电流定值，t_{GL} 表示高压侧过电流保护的动作时限。由于牵引变压器高压侧三相容量会不相等，所以三相的过电流定值也需要分别计算。

牵引变压器低电压启动过电流保护在我国普速铁路中有多年的成功运行经验，因此新建的高速铁路也沿用了这一保护作为后备保护。

此外，对于油浸式变压器，往往还采用瓦斯保护作为辅助保护。当变压器油箱内部发生故障时，短路电流产生的电弧会使变压器油和其他绝缘材料分解产生大量的瓦斯气体，气流中还夹杂着细小的、灼热的变压器油，瓦斯保护就是利用变压器油受热分解所产生的热气流和热油流来动作的保护。瓦斯保护既可以反映变压器油箱内部故障（如匝间短路、层间短路等），又可以反映变压器的不正常工作状态（如油面过低、长期过热等），所以瓦斯保护也分为重瓦斯和轻瓦斯，重瓦斯动作于跳闸，轻瓦斯动作于报警。

牵引变电所继电保护的配置一般有如下规定：

继电保护设计除铁路特殊要求外，应符合《继电保护和安全自动装置技术规范》(GB/T 14285)的有关规定。

牵引变电所的电源进线设失压保护，馈线应有不少于 2 段设距离保护、高阻保护、过电流保护、电流增量保护和断路器失灵保护。牵引变压器设差动、过负载、瓦斯、油温保护，高低压侧分别设带低电压启动的过电流保护。分区所、AT 所馈线设失压保护、阻抗保护、过电流保护、电流增量保护，分区所馈线应有不少于 2 段设距离保护和过电流、高阻保护。开闭所进线设过电流保护和失压保护，主要用于切除母线故障和作为馈线保护装置的后备保护，馈线设电流速断保护及距离保护或过电流保护。自耦变压器设差动、过负荷、过电流、瓦斯、油温保护。

系统设置独立的 AT 供电故障测距装置。装置以供电臂为

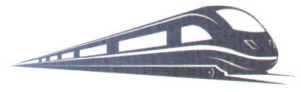

单元进行配置,具有"召唤测距"功能,可支持吸上电流比、线性电抗法和馈线电流比等测距原理,并可根据不同的系统运行方式和线路故障情况选择合适的测距原理来测距,也就是提供变电所馈电出口到故障点的距离,为查找与排除故障提供方便。

八、牵引供电远动系统及综合自动化系统

为实现对供电系统中各种供电设备运行状态的监视、控制及沿线变电所的安全监控,迅速分析查找、切除牵引网故障点,牵引变电所会配套综合自动化系统。综合自动化系统可实现高压设备运营状态的在线监测,提高牵引供电系统调度管理自动化、智能化水平,确保高速铁路牵引供电系统的安全、可靠、高效运行。在高速铁路中,远动系统也被纳入综合调度系统之中,以提高牵引供电的整体功能和管理水平。

随着计算机技术、数据通信技术和现场网络技术的发展,高速铁路的变电所综合自动化系统已经发展为集数据采集、微机保护、图像监控、故障录波等功能于一体的系统。

1. 远动系统

远动系统的全称是供电监控和数据采集系统(supervisory control and data acquisition,SCADA),是牵引供电的指挥调度支持系统。它可以对高速铁路现场的运行设备进行监视和控制,以实现状态信息采集、数据测量、设备控制、参数调节以及各类信号报警、数据统计等各项功能。高速铁路的 SCADA 系统纳入综合调度系统之中,在线实时监控设备的运行状态,在保证供电设备安全可靠运行、故障及时快速处理、提高铁路运输的调度管理水平等方面起到了很大的作用。

系统结构

高速铁路的综合 SCADA 系统主要由设在调度所内的主站系统、设在牵引所的被控站和远动通道以及复示终端构成,如

图 2.24 所示。复示终端包括沿线各牵引变电所、分区所、AT 所、开闭所和电力配电所等，有些重要的接触网负荷开关也属远动控制对象。

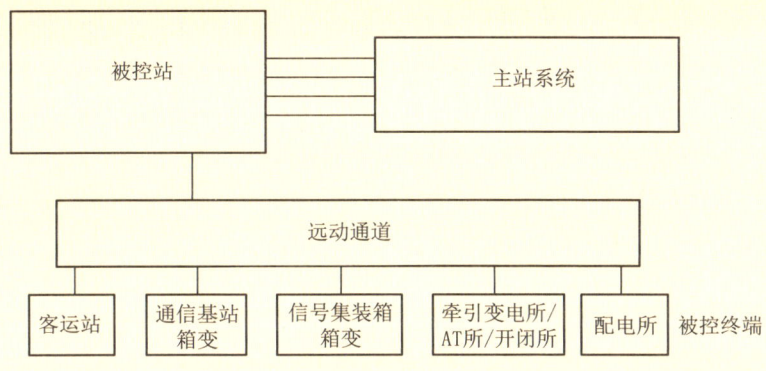

图 2.24　高速铁路综合 SCADA 系统

控制中心的电力调度系统普遍采用局域网结构来构成功能分布系统，如图 2.25 所示。

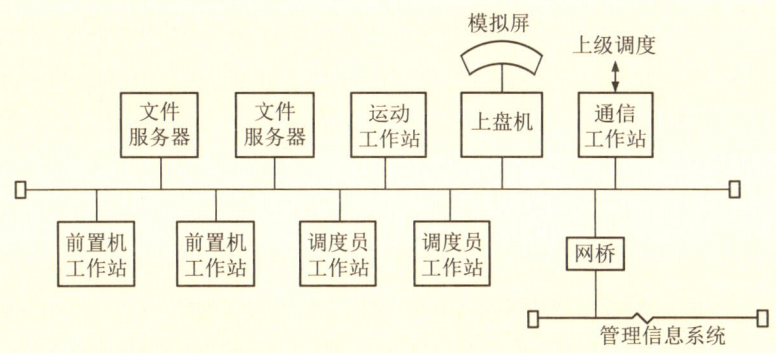

图 2.25　电力调度系统的局域网结构

文件服务器存放共享资源，包括程序、系统参数、画面描述文件、报表描述文件、历史数据库、事故追忆信息、事件顺序记录等，可规定各工作站对服务器的访问权限。

前置机工作站（通信工作站）完成同 RTU 的通信，更新本机实时数据库，并定时向网络广播，处理实时数据，转发调度员工作站发出的下行命令。前置机工作站可多于 1 台，以扩展通信能力或作为热备用。

调度员工作站接收前置机发来的实时数据填到本机实时数据库中,由调度员控制可显示画面、表格、曲线,并负责打印。同时发送遥控、遥调指令。

远动工作站完成系统维护、参数编辑、画面及表格生成与修改。

上盘机负责把实时数据对应到模拟盘上。

其他设备包括打印工作站、数据库记录工作站、在线计算站、网桥工作站等。

系统功能

SCADA 系统的作用是在调度端(监控主站)与各执行端(被控端)之间实现"四遥"功能,即遥控、遥信、遥测和遥调。

遥控功能

在遥控操作方面具有完善的操作手段及安全措施,保证系统能安全、可靠、方便地进行控制操作,对变电所内满足连锁约束条件(如果存在)并允许遥控的开关、刀闸进行"分""合"控制,并生成操作过程的全部记录,所有遥控联锁条件自动判定。系统配置的遥控功能包括单独控制和程序控制。

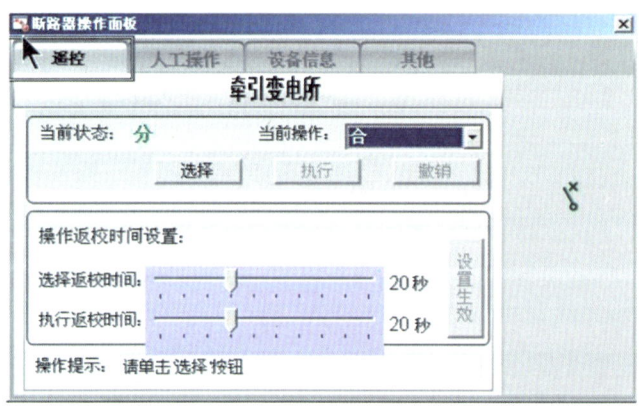

图 2.26　单控选择窗口

单独控制是通过鼠标键盘操作，对变电所内可以远动操作的开关设备、自动装置、主变分接头等设备进行控制，可进行控制前条件校核，防止误操作。遥控过程完全按照"选择—返校—执行"的原则操作执行，确保控制操作准确可靠。系统能对继保设备进行投切或信号复归操作，还能召唤并修改继保定值。

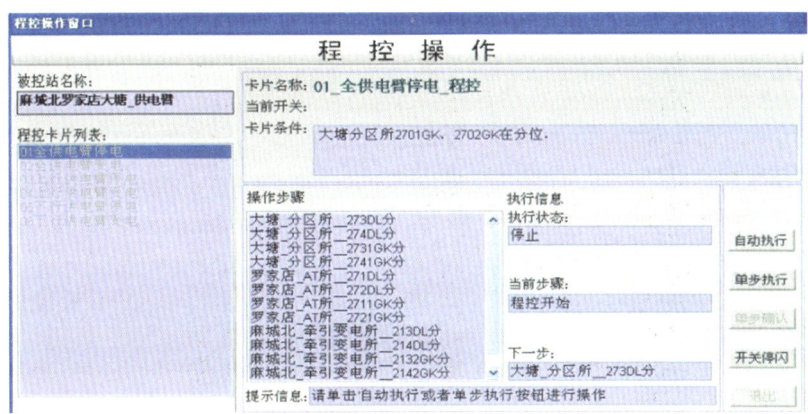

图 2.27　程控选择执行窗口

程序控制是将若干单独控制组合在一起以简化操作步骤，完成供电系统所内、所间数个开关的倒闸作业。在程序控制执行前，首先自动检查各控制对象是否具备控制条件。在程控过程中，可以人为终止程控的执行。程控选择后，不对位开关进行预闪提示以防止误操作。程控执行方式也可分为单步执行和自动执行，程控执行成功或失败均有相应提示，任何一种程控方式均可因控制过程中事故的出现而自动中止或由调度员进行手动中止。

程序控制可分为标准控制序列和自定义控制序列，具体的控制功能有：对被控站内任何开关设备的遥控操作进行闭锁，当对闭锁开关进行再操作时，显示适当的提示信息，解锁为闭锁的反操作。当被控站或通道故障时，可手动设置开关的位置状态，此外，手动隔离开关的状态亦采用手动置位操作方式。在每个变电所主接线画面上设置遥控试验对象，在被控站内设置模拟开关，对此模拟开关进行状态控制，用以检查实现遥控

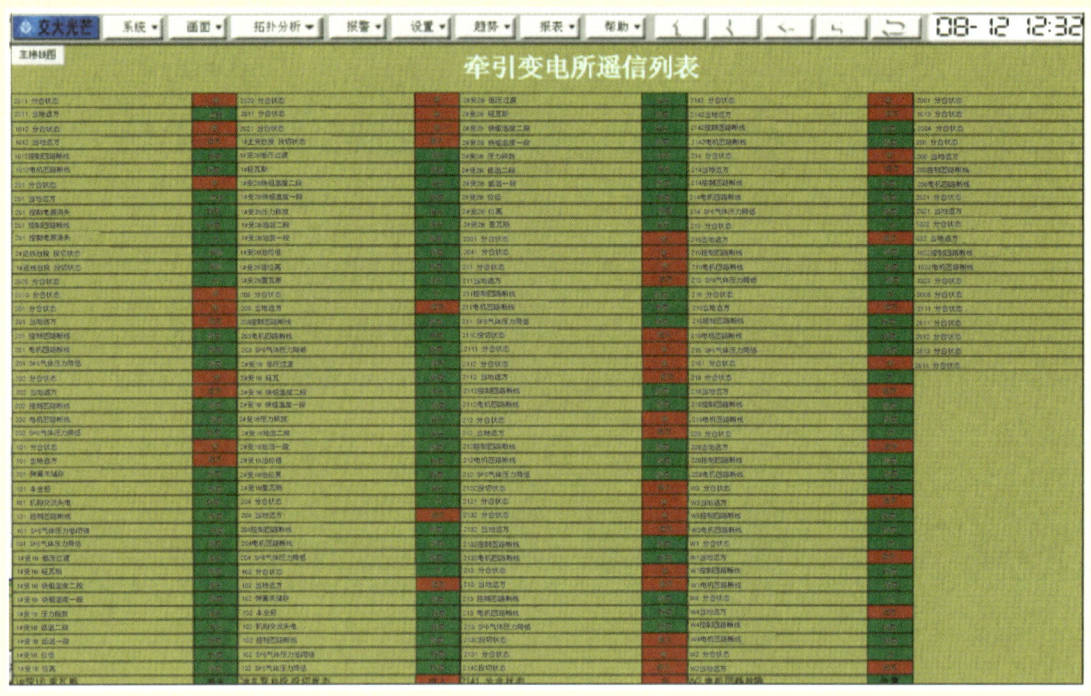

图 2.28 遥信显示窗口

过程的各环节设备是否正常。系统还能对各变电所内微机保护装置中的保护定值进行远方切换和复位。

遥信及信息处理功能

正常运行状态时，各变电所将各种设备的运行状态和信息实时地传递到控制中心的主控系统，以便控制中心通过监视器装置和大屏幕系统对各变电所供电设备运行状态进行监视。

变电所设备或接触网发生故障时，故障信息迅速被传递到控制中心显示、打印，同时启动音频报警，调度员可通过对报警类别、报警站名、报警时间的定义检索报警内容。报警发生后，操作员可调出报警类型画面，判断报警情况，再调出报警处理一般原则内容，对操作员进行报警处理指导，此提示内容可通过软件进行增改。遥信信号主要有：断路器、主要刀闸位置信号，有载调压变压器抽头位置信号，变电所内事故信号、预告信号，通信工况异常信号、装置自检信号等。

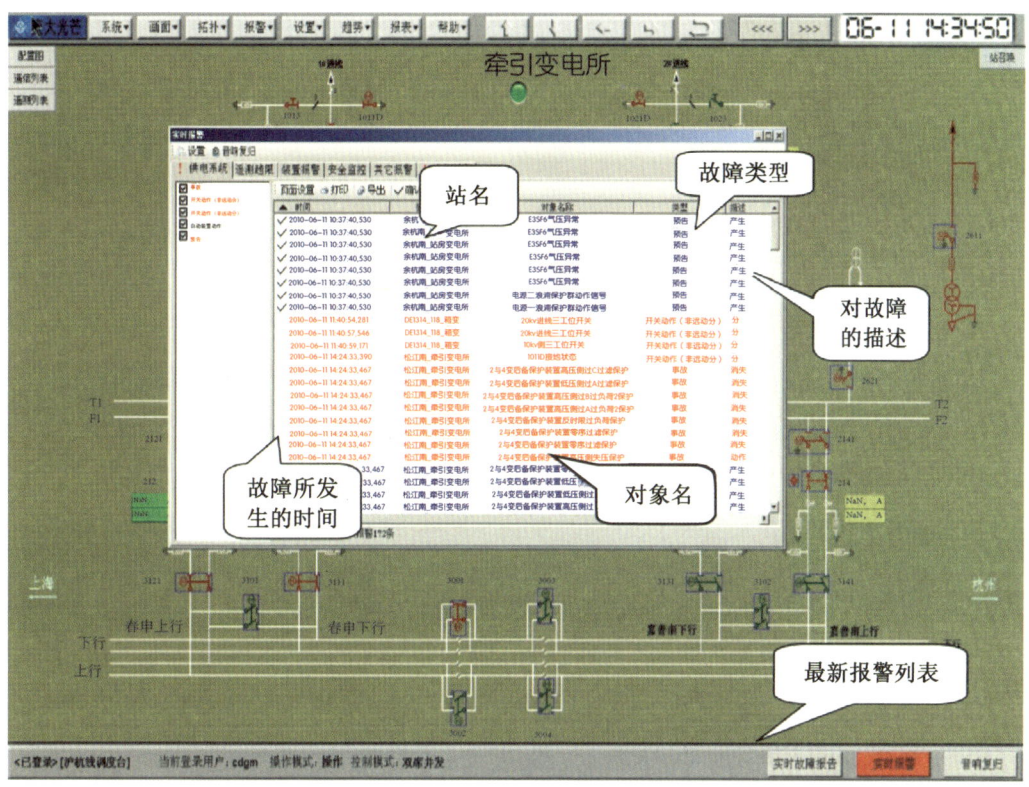

图 2.29 实时报警窗口

遥测及数据处理功能

系统对变电所主要电源的电压、功率、电度、主变温度等模拟量或脉冲电度量，及保护装置的参数设定值、保护动作值等数字值进行实时采集，并使模拟量在监视器的主接线画面上或通过窗口、曲线、棒图等方式动态显示并打印出来。对变压器过负荷情况和出现时间、各种模拟电量的极值和出现时间进行统计，并对越限量报警。

遥测的主要内容有：各被控站电压、电流、有功功率、无功功率、有功电度、无功电度和趋势图；各被控站当日最大电流、最高和最低电压及其出现时间；各被控站过负荷及其发生时间和持续时间；变压器温度等。

系统对遥测参数需考虑足够的容量，用于对测量值的显示

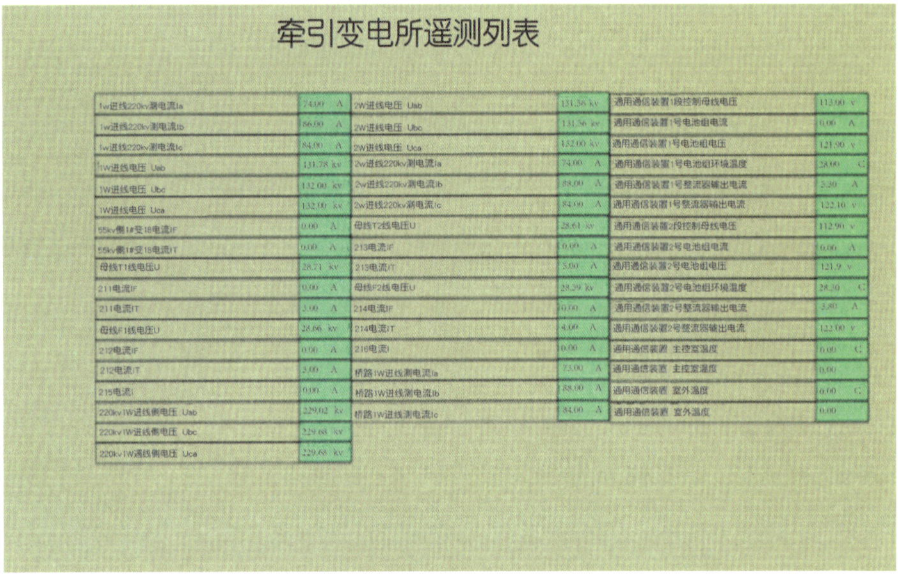

图 2.30 遥测显示窗口

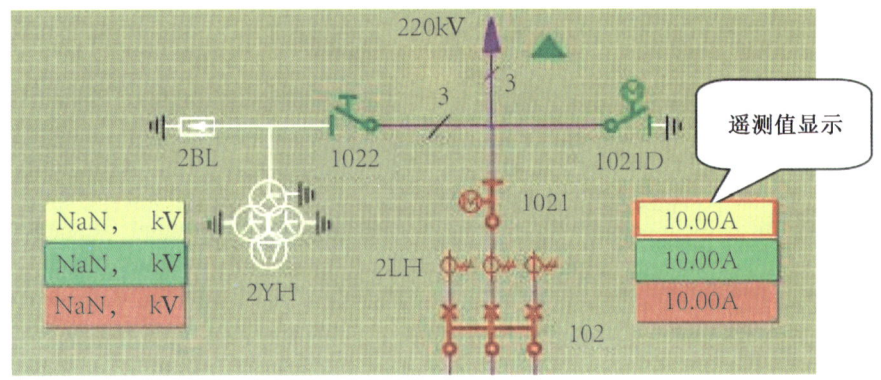

图 2.31 遥测值显示界面

和存档。系统只接收有效变化的模拟量值，每个模拟量值的阈值可参数化，并通过数据库进行修改。对于模拟量数据，要将物理地址转换成数据库中的逻辑地址。每个模拟量值均具有通过数据库定义的特性曲线，它定义了测量值转换成工程值的规则，均有超上限和下限校验，每个量与正常值的偏差限值由数据库定义，越限级别至少四级（上、下限各两级）。当遥测量出现越限时，在调度画面报警栏中给出提示，以提醒操作员密切注意该参数的变化情况。在给定的时间范围内，选出遥测点的最大和最小值，并存入数据库中。

遥调功能

主控系统可以对主变电所内有载调压变压器分接头位置进行调节。遥调结果在监视器主接线画面上显示。

其他功能

如调度事务管理功能，供电系统运行情况的数据归档和统计报表功能，信息查询功能，用户画面显示功能，监控系统构成示意图显示功能，变电所自动化系统构成示意图显示功能，各变电所主接线和接触网线路图显示功能，日报报表、月报报表、年报报表显示功能，遥测曲线画面显示功能，操作记录报表显示功能，打印及画面拷贝功能等。

2. 综合自动化系统

采用常规控制设备加上完备的"四遥"远动装置可实现自动化要求，但要全面满足要求，则必须采用变电所综合自动化系统。该系统利用先进的计算机技术、现代电子技术、通信技术和信息处理技术等，对变电所二次设备（包括继电保护、控制、测量、信号、故障录波、自动装置及远动装置等）的功能进行重新组合、优化，对变电所全部设备的运行情况进行监视、测量、控制和协调。通过变电所综合自动化系统内部设备间相互交换信息、共享数据，完成变电所运行监视和控制任务，并可通过远动通道与调度端设备接口实现远动功能。

图 2.32 变电所综合自动化装置

系统结构

目前国内高速铁路的牵引变电所、分区所、AT所、开闭所的综合自动化系统大部分采用分层分布式结构，由站级管理层、网络层、间隔层三部分组成，如图2.33所示。

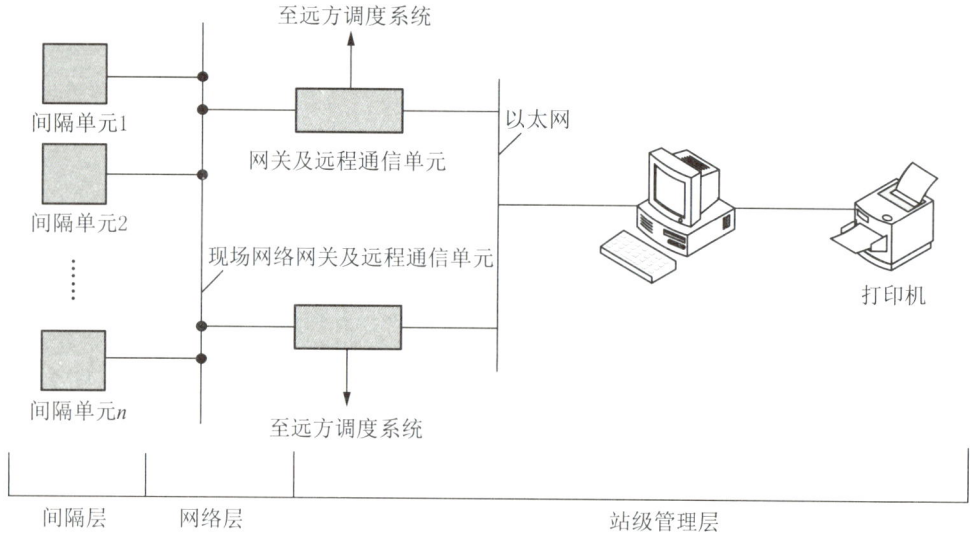

图2.33 典型变电所综合自动化系统结构图

该系统结构中，间隔层设备既可以集中组屏，也可以横向按变电所一次设备分布式配置。间隔层设备通过现场网络，实现与站级管理层计算机设备及远方调度中心的通信。网关及远程通信单元也可根据需要采用单机配置。站级管理层的计算机可独立配置，也可预留接口在需要时接入维护计算机。

间隔层

主要实现对供电设备的控制、保护、数据采集等功能，包括主变压器差动保护单元、主变压器后备保护单元、主变压器综合测控单元、馈线保护测控单元、电容器保护测控单元等。

• 主变压器差动保护单元完成对各种牵引主变压器内部故障的保护，包括电流速断保护、3段式比例差动保护（二次谐波制动）等保护功能，且保护整定值至少存放两套。同时，具备以太网或其他现场总线通信接口，具有记录装置动作事件报告、自检报告、故障报告、故障录波功能。

- 主变压器后备保护单元完成对各种牵引主变压器相间及接地故障的保护和非电量保护，包括高、低压侧低压启动过电流保护，高压侧反时限过电流保护，5段5时限过负荷保护，零序过电流保护，零序过电压保护，失压保护等，保护整定值至少存放两套。同时，具备完善的自检功能，包括对交流采样通道异常报警的功能；具备以太网或其他现场总线通信接口；具有记录装置动作事件报告、自检报告、故障报告、故障录波功能。

- 主变压器综合测控单元通过交流采样对主变压器高、低压侧电流电压进行测量；还能够测量油温，检测和分析主变压器高压侧谐波，控制主变压器单元断路器、电动隔离开关等开关设备，采集各开关量及其他设备的状态信息。当然，还要具备以太网或其他现场总线通信接口。

- 馈线保护测控单元集保护、测量、控制功能于一体，并且每一台断路器对应一套保护测控单元，其主要功能有：二次谐波闭锁的3段自适应距离保护、电流速断保护、自适应电流增量保护、电压互感器（transformer voltage，TV）断线闭锁、具有带故障性质判断的一次重合闸、馈线故障测距故障及负荷录波等，保护整定值至少存放两套，还要记录装置动作事件报告、自检报告、故障报告；能测量母线电压、馈线电流，能完成本间隔单元断路器、隔离开关的控制及位置等相关信号的采集。当然，也要具备以太网或其他现场总线通信接口。

- 电容器保护测控单元集保护、测量、控制功能于一体，且每台电容器对应一套电容器保护测控单元。主要功能有：欠电压保护，电流速断保护，过电压、过电流保护，谐波过电流保护，低电压保护，TV断线报警，故障及负荷录波等，保护整定值至少存放两套。同时，能够记录装置动作事件报告、自检报告、故障报告，能测量母线电压、馈线电流，能完成本间隔单元断路器、隔离开关的控制及位置等相关信号的采集，也

要具备以太网或其他现场总线通信接口。

网络层

负责管理间隔层设备与站级管理层间的通信，普遍采用具有较强抗干扰性、抗震动性，较大温度适应范围及恶劣工业环境适应能力的现场总线。网络层的传输介质通常采用光纤，以提高变电所内数据传输网络的抗干扰能力。在国内的牵引变电所综合自动化系统中，采用的现场总线网络有CAN、LonWorks、工业以太网等。

站级管理层

由当地监控主机、打印机、通信处理单元（含远程通信与网关）及全球定位系统（global positioning system，GPS）组成。站级管理层设备作为牵引变电所综合自动化系统的调度、运行及维护人员的人机交互平台，负责采集与显示牵引变电所内测控、保护单元的各种测量、保护信息，实现对牵引变电所内各种开关的分/合控制、信号复归、保护装置的复归与参数整定，实现相应的报表处理、曲线显示、流水打印等信息处理功能，以及实现与远方控制中心的通信。

系统功能

保护功能

包括线路保护、变压器保护、馈出线保护、母线保护、电容器保护、备用电源自投装置以及接地选线装置保护等，变压器及高压线路则包括主保护和后备保护。作为综合自动化重要环节的微机保护，其功能有：故障记录报告（分辨率2 ms）掉电保持；时钟校时（中断或广播方式或其他方式）；实时显示主要保护状态（功能投入情况及输入量值等）；与监控系统通信，主动上传故障信息、动作信息、动作值及自诊断信息，接收监控系统命令上传整定值及历史事件，接收监控系统命令投退保护及修改整定值。

监测功能

包括状态量、模拟量、脉冲量等的监测。其中，状态量有断路器状态、隔离开关状态、变电站一次设备状态及报警信号、变压器分接头位置信号等。典型模拟量有各段母线电压、线路电压电流和功率值、馈线电流电压及功率值和频率，还有变压器油温、变电站室温、直流电源电压、变电所自用电的电压和功率等。脉冲量指电能表输出的电度量。

事件记录及故障录波测距功能

事件记录包括保护动作序列记录、开关跳合记录。分辨率可根据不同电压等级的要求确定，一般在 1 ～ 5 ms 之间。微机保护或监控采集环节必须有足够的内存，能存放多个事件顺序记录，确保当后台监控系统或远方监控主站通信中断时不丢失事件信息。

对高压变电站故障录波可根据需要采用两种方式实现：一是配置专用微机故障录波器，并能与监控系统通信；另一种则由微机保护装置兼做记录及测距计算，再将数字化的波形及测距结果送到监控系统，由监控系统存储及打印波形。对低压变电站可给出故障报告，包括故障类型、动作类型及开关遮断电流大小等信息。

控制与操作闭锁功能

操作人员可通过电脑屏幕对断路器、隔离开关的开合进行操作，对变压器分接头进行调节控制，对电容器组进行投切。为防止计算机系统故障时无法操作被控设备，在设计上应保留人工直接开合闸手段。

对于操作闭锁，操作出口具有开、合闭锁功能及并发性操作闭锁功能，断路器、刀闸操作闭锁功能根据实时信息实现。只有输入正确的操作口令和监护口令才有权进行操作控制。

同期检测和同期合闸功能。同步检测断路器两侧电压的幅值、相位和频率差，并发出同期合闸启动和停止信号。分为手动和自动两种方式实现，一般这两种方式可视情况选择。同期装置可以是独立的设备。

电压和无功潮流就地控制功能

为了将电压和无功潮流调整到预定值，通常通过调整变压器组的分接头，投切电容器组、电抗器组及调整同步调相器实现。运行方式可手动也可自动，人工操作可就地也可远方。

远方整定保护定值功能

除当地操作，还可远方查询和整定保护定值。此功能应具有远方/当地闭锁、操作权限闭锁措施。

数据处理与记录功能

历史数据的形成与存储是数据处理的主要内容，它包括上级调度中心、变电管理和保护要求的数据，这些数据主要有：断路器动作次数；断路器切除故障时故障电流和跳闸操作次数的累计数；供电线路的有功、无功；变压器的有功、无功；母线电压定时记录的最大值、最小值及其时间，独立负荷每天的有功、无功峰值与最小值及时间；指定测点上的趋势，平均值、积分值和其他计算值；控制操作及修改整定值的记录。

与远方调度中心通信功能

即常规或扩充的远动功能，在实现遥测、遥信、遥控、遥调的基础上还增加了远方修改保护定值、故障录波与测距信号的远传等。所采用的通信规约应适应调度中心的要求，符合国家标准和国际电工委员会（international electrotechnical commission，IEC）的国际标准。

人机接口界面功能

当变电站有人值班时，人机接口界面功能在当地监控系统的后台机（或称主机）上进行，当变电站无人值守时，人机接口界面功能在远方的调度中心或操作控制中心的主机或工作站上进行。不管哪种方式，操作维护人员面对的都是计算机屏幕，操作工具一般是键盘和鼠标。

自诊断功能

自诊断信息也同采集的数据一样周期性地送往后台机和远方调度中心或操作控制中心。

系统应用模式

牵引变电所综合自动化系统的应用模式受系统的运营管理模式、资源条件、维护方式等的限制，主要有3种模式：分散式无人值守模式、集中式无人值守模式、集中式有人值守模式。

分散式无人值守模式

系统配置如图2.34所示。在该模式中，变电所内无人值守，站级管理层设备安装在控制盘内。所有间隔层的测控保护单元均分布式安装于相应的高压开关柜内，各装置相对独立，仅通过站内通信网络互联。该模式可极大简化二次接线及二次设备的配置，大大减少变电所主控室的面积，从而降低牵引变电所的综合造价。对于新建牵引变电所，建议采用该模式。

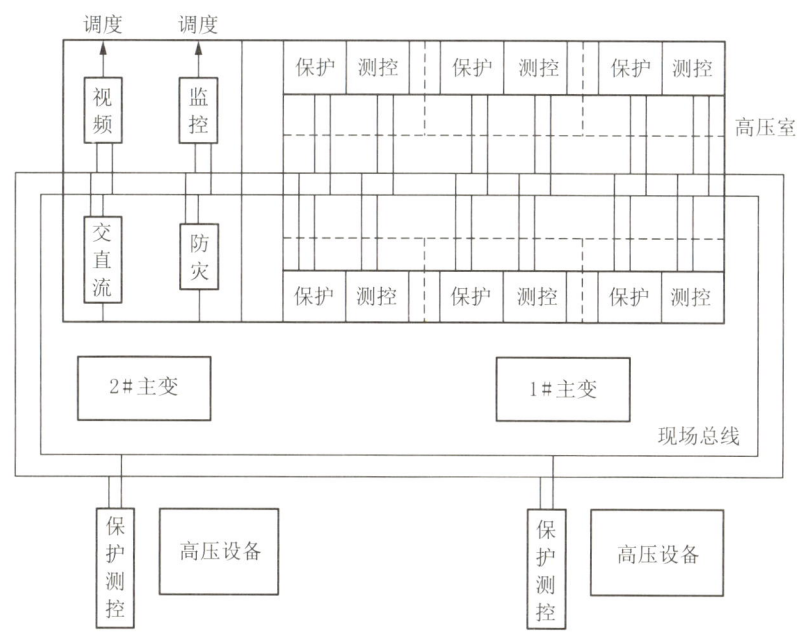

图 2.34 变电所综合自动化系统分散式无人值守模式

集中式无人值守模式

系统配置如图2.35所示。在该应用模式中，变电所内无人值守，站级管理层设备安装于控制盘内。所有间隔层的测控保护单元均集中安装于相应的控制盘内。该模式适用于对既有变电所的改造，在尽量减少二次设备的改造并复用部分二次接线的基础上即可实现变电所的综合自动化。

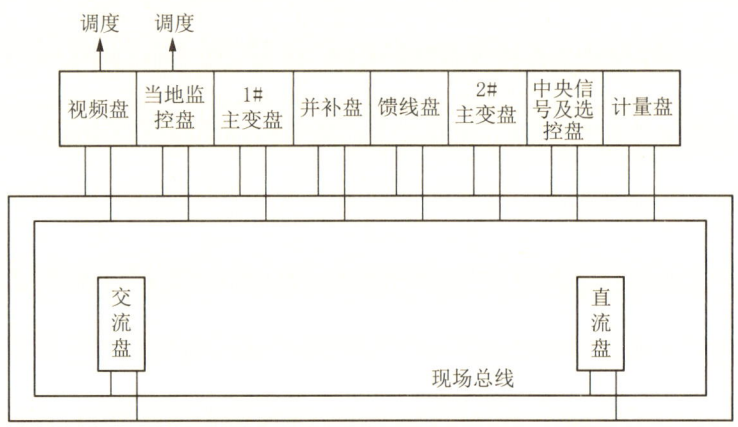

图 2.35　变电所综合自动化系统集中式无人值守模式

集中式有人值守模式

系统配置如图 2.36 所示。在该应用模式中，变电所内有人值守，站级管理层设备安装于控制室的控制台上。所有间隔层的测控保护单元均集中安装于相应的控制盘内。该模式是在既有运营管理方式下最常采用的系统应用模式。

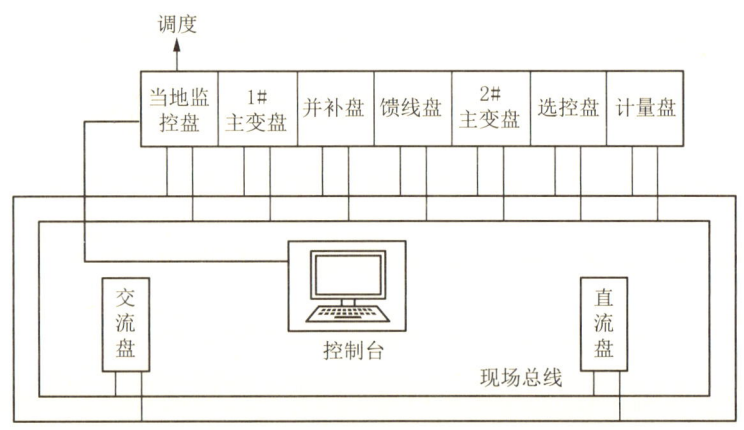

图 2.36　变电所综合自动化系统集中式有人值守模式

九、牵引供电的一种新尝试——同相供电技术

目前高速铁路所采用的牵引供电制式，从本质上说都属于异相供电，就是说，都要在牵引变电所馈线出口或分区所采用换相措施以尽可能减少负序、谐波等问题的影响。随着大功率电力电子控制技术的发展，不少专家开始探索和尝试利用同相供电技术来改善牵引供电系统电能质量问题。同相供电技术是一种新概念，它通过另一种途径解决牵引系统中负序、谐波以及过分相等问题。

同相供电是指线路上不同牵引变电所供电区段接触网电压相位相同、取消线路上电分相环节的牵引供电。其关键技术在于在取消电分相的同时有效补偿负序电流，实现三相—单相对称变换。同相供电技术能够基本消除三相不平衡，滤除部分谐波并补偿无功，改善电能质量，从本质上避免牵引变电所出口处的电分相环节。

同相供电是在现行牵引供电系统结构的基础上，在各牵引变电所引入特殊接线形式的变压器和潮流控制器，实现牵引负荷功率在牵引变压器不同负荷端口之间的流动，使原有变电所两相合并为一相，解决变电所出口的分相问题，从而实现同相供电，使接触网各个区段内电压相位均相同。工作原理如图2.37所示。

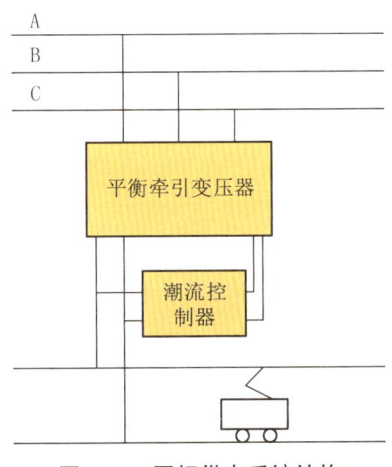

图 2.37　同相供电系统结构

同相供电系统的核心原理是将牵引变压器二次侧的其中一相经同相供电装置并联接入另一相，使牵引负荷功率在变压器不同负荷端口之间实现流通，并通过上层控制策略完成对牵引负荷产生的各次谐波和无功功率的补偿，从而使牵引变压器只传递有功功率。变电所两供电臂的输出功率相等，牵引负荷完全对称，降低了变压器容量，并使牵引变压器原边三相电流对称。

理想的高速铁路牵引供电系统可以采用贯通式同相供电。但此时同相供电范围内的若干个牵引变电所产生的负序电流（功率）将同相叠加，造成比异相供电时更严重的负序电流。因此，同相供电的关键是负序问题，解决负序问题就需要对称补偿。

为了减少不必要的投资和设备浪费，可将同相供电系统中的牵引变电所分为三种：一是全补偿，它要求实现对称补偿，特别是对负序有极好的抑制能力；二是半补偿，即对补偿负序有适度要求；三是不补偿，只用牵引变压器。这三种牵引变电所中，无功补偿都是必要的。如图 2.38 所示。

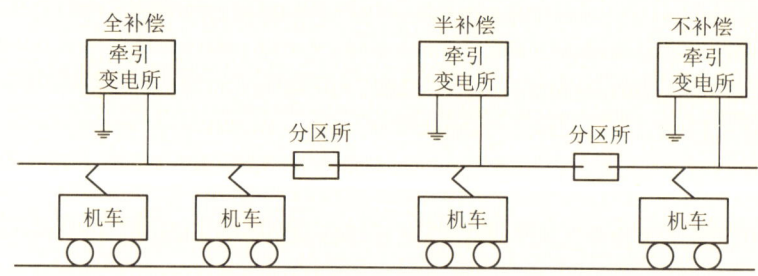

图 2.38 不同补偿方式牵引变电所组成的同相供电系统

同相供电的补偿装置，主要结构就是交直交变流器，由两台单相变流器共用一套直流电源，形成背靠背结构。这种结构的变流器可以实现两个端口间有功功率的自由传导，同时端口还可以补偿负载所需要的无功和谐波。实践证明，这种结构具有良好的运行特性。结构如图 2.39 所示。

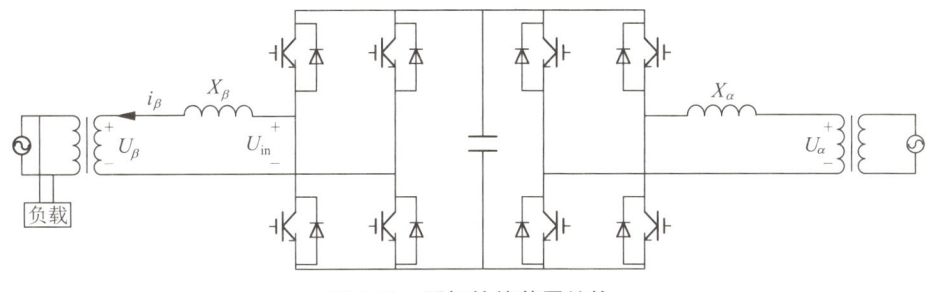

图 2.39　同相补偿装置结构

同相供电系统受牵引变压器和同相补偿装置的影响。为了实现更好的容量配置和更好的经济性能，可以利用结构简单、应用广泛的单相牵引变压器和同相补偿装置的相互配合，根据电能质量国标限制，辅以容量优化设计，构成组合式同相供电系统。组合式同相供电系统通常有单三相组合式同相供电和单相组合式同相供电两种。

单三相组合式同相供电系统由单相牵引变压器和同相补偿装置组成，结构如图 2.40 所示。其中单相牵引变压器与同相补偿装置中的高压匹配变压器构成平衡变压器。当牵引负荷功率小于等于同相补偿装置容量的 2 倍时，单相牵引变压器和同

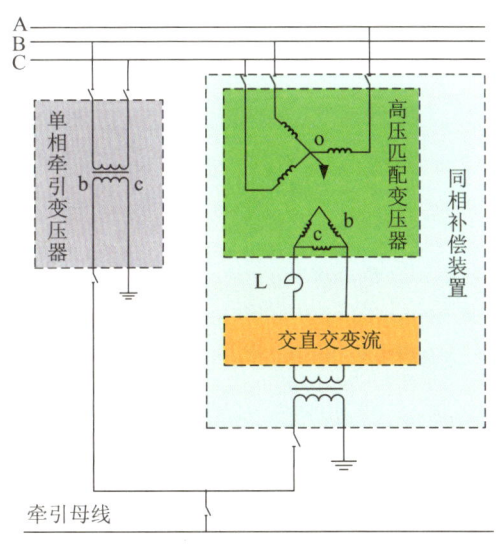

图 2.40　单三相组合式同相供电系统结构

相补偿装置分别供给牵引负荷功率的 1/2，此时负序电流得以完全补偿，由此引起的三相电压不平衡度为零。当牵引负荷功率大于同相补偿装置容量的 2 倍时，高压匹配变压器按同相补偿装置的容量供给，其余部分由单相牵引变压器供给，此时有剩余负序电流流通，但它产生的三相电压不平衡度满足国标要求。同相补偿装置控制电网侧和牵引侧之间功率的双向流动，同时补偿牵引负载的无功和谐波。

单三相方案的重要特点是可以最大程度减少价格昂贵的同相补偿装置中交直交变流器的容量及其所占比重，有效减少同相供变电装置的一次性投资，提高牵引变电所的供电资源与设备利用率，适用于既有线改造。2014 年 12 月 28 日，单三相组合式同相供电装置在山西中南部铁路通道重载综合试验段沙峪牵引变电所一次投运成功，其工程实践成果为同相供电技术的进一步发展奠定了良好的基础。

单相组合式同相供电系统中，单相牵引变压器与高压匹配变压器构成一种供电容量不等、电压幅值不等、电压相位垂直的特殊的三相—单相平衡变压器。其结构如图 2.41 所示。

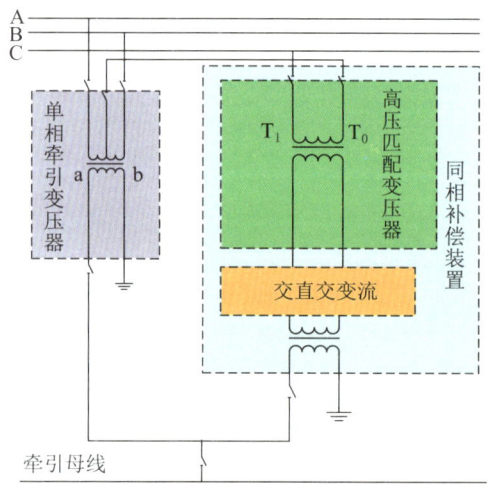

图 2.41　单相组合式同相供电系统结构

正常运行中，单相牵引变压器和同相补偿装置一起给牵引网的牵引负荷供电，单相牵引变压器担负主要供电任务，同相补偿装置担负次要供电任务以及三相电压不平衡度的调整。同相补偿装置的交直交变流器其中一侧通过控制保持各模块的中间直流电压稳定，另外一侧通过控制实现一定流向和大小的功率传输，从而实现负序电流的补偿。单相方案变压器容量利用率高，单相牵引变压器和单相高压匹配变压器共箱布置，集成度高，占地少，适用于新线建设。

【知识链接】直击雷

直击雷是带电云层（雷云）与建筑物、其他物体、大地或防雷装置之间发生的迅猛放电现象。直击雷的电压峰值通常可达几万伏甚至几百万伏，电流峰值可达几万安培乃至几十万安培。其之所以破坏性很强，主要原因是雷云所蕴藏的能量在极短的时间（其持续时间通常只有几微秒到几百微秒）被释放出来，从瞬间功率来讲，是巨大的。

【知识链接】雷暴日

雷暴日是指某地区一年中有雷电放电的天数，一天中只要听到一次以上的雷声就算一个雷暴日。雷暴日表征不同地区雷电活动的频繁程度。我国把年平均雷暴日数 $T>90$ 的地区叫做强雷区，$40<T\leqslant 90$ 的地区为多雷区，$25<T\leqslant 40$ 的地区为中雷区，$T\leqslant 25$ 的地区为少雷区。

【知识链接】SCADA 系统发展历程

SCADA 系统发展到今天已经经历了三代。第一代是基于专用计算机和专用操作系统的 SCADA 系统，这一代一直持续到 20 世纪 70 年代；第二代是基于通用计算机的 SCADA 系统，广泛采用 VAX 等其他计算机以及其他通用工作站，操作系统一般是通用的 UNIX 操作系统，这一阶段 SCADA 系统在电网调度自动化中与经济运行分析、自动发电控制以及网络分

析结合到一起构成了 EMS 系统；第三代是基于分布式计算机网络以及关系数据库技术的、能够实现大范围联网的 SCADA/EMS 系统，各种最新的计算机技术都汇集进了 SCADA/EMS 系统中。

第三章

接触网
——牵引供电系统的大动脉

一、接触网的组成与结构

二、接触网的主要悬挂形式

三、接触网的主要技术参数

四、电分相及自动过分相技术

五、接触网的防雷

六、接触网的接地

七、"不离不弃"的弓网系统

如果说牵引变电所是列车牵引能量的汇聚分配中心，是牵引供电系统的心脏，那么接触网就是将血液从心脏输送到器官的大动脉。接触网负责传输牵引电能，是列车牵引动力的直接分配环节。与牵引变电所一样，接触网在牵引供电系统中占有举足轻重的地位。

接触网是沿铁路线架设的露天设备，分布区域广，受气候的影响大，所以接触网的设计、施工、运营都必须认真考虑气候的因素。接触网不仅在电气上要能满足电动车组牵引功率、电气强度、电压水平、绝缘安全等电气技术的要求，而且在机械上应能满足机械强度、机械位置、弓网动态弹性等机械技术上的要求。随着高速、重载、大密度运输的发展，电动车组的运行速度和牵引负荷不断提高，这对接触网提出了更高的要求。改善接触网悬挂弹性、提高接触网的波动特性已成为接触网发展的核心要求。

一、接触网的组成与结构

接触网从结构形式看,主要分为接触悬挂、支持和定位装置、支柱与基础等几个部分。

接触悬挂,主要包括承力索、吊弦、接触线及连接它们的零件等,其中接触线直接与电动车组的受电弓接触。支持和定位装置,由腕臂、拉杆(或压管)、定位装置等连接件组成,用来悬吊和支持接触悬挂,并将其负荷传递给支柱或其他建筑物。支柱与基础,用以承受接触悬挂和支持装置的全部负荷,并把接触悬挂固定在规定的位置和高度上;支柱有金属支柱和钢筋混凝土支柱。此外,还有供电线等附加导线以及为了安全而设置的保护设备、电气设备等。

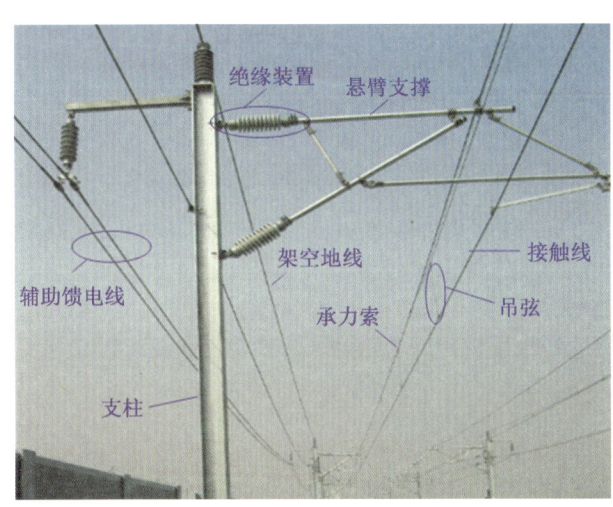

图 3.1 接触网组成结构

1. 接触悬挂

承力索

接触网承力索是单芯式多层绞线,作用是通过吊弦将接触线悬挂起来以减少接触线弛度。承力索还可承载一定电流来减小牵引网阻抗,降低电压损耗和能耗。

承力索对材质的要求是能承受较大的张力,并且弛度受温度的影响较小。高速铁路接触网的承力索一般采用铜合金材质的绞线。

接触线

接触线是沿铁路线架设的供电导线,是接触网中重要的组成部分之一。高速列车运行时,它的受电弓滑板直接从接触线摩擦受电。接触线的导电性能、截面积等选择应满足牵引供电计算的要求。

接触线一般制成两侧带沟槽的圆柱状,沟槽是为了便于安装线夹,并按技术要求悬吊固定接触线位置,以不影响受电弓滑板的滑行取流。接触线下方与受电弓滑板接触的部分呈圆弧状,称为接触线的工作面。

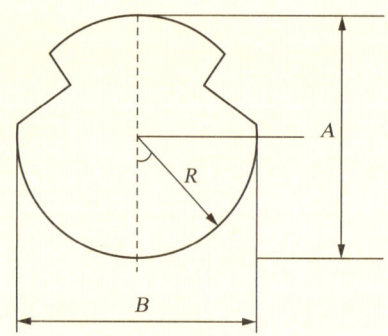

图 3.2 接触线截面示意图

接触线按照材质主要分为铜接触线、钢铝接触线和铜合金接触线。接触网要求抗拉强度高、电阻系数低、耐热性能好、耐磨性能好、制造长度满足锚段长度要求。设计速度 300 km/h、350 km/h 的接触线一般采用高强度铜合金材质。

吊弦

吊弦的作用是连接承力索和接触线并将接触线的重量和弛度传递给承力索。在链形悬挂中,接触线通过吊弦悬挂在承力索上,利用调节吊弦的长短来保证接触悬挂的结构高度、接触线弛度、接触线距轨面的高度以及线岔处的水平和抬高,保证接触线与受电弓良好摩擦，提高电动车组取流质量。正常情况下，吊弦上流过的电流很小，如发现吊弦有温升、发红或烧伤，就说明该段接触网导流不正常。

吊弦按其在跨中位置的不同分为普通吊弦、弹性吊弦、滑动吊弦和整体吊弦。

普通吊弦在链形悬挂跨距中应用最广泛，一般由二节或三节连在一起，故又称环节吊弦，对它的要求是安设后不影响接触线和承力索的纵向移动。

为了改善支柱定位点处的弹性，使接触悬挂弹性均匀，在支柱定位点处采用弹性吊弦，用来减小定位器硬点的影响。弹性吊弦由普通吊弦和辅助绳组成。如图3.3所示，图中实线部分为Y形，多用于接触线正定位处；虚线部分为Π形，多用于接触线的反定位处及软横跨上。

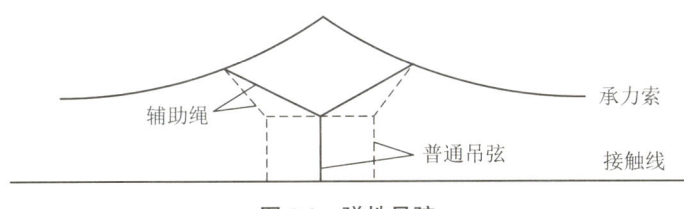

图 3.3　弹性吊弦

若一些极限条件下，普通吊弦的偏斜角超出允许的范围，就要采用滑动吊弦。如在隧道内因受净空高度的限制，接触网结构高度较小，吊弦较短，偏斜角容易超出允许范围，所以在隧道内多采用滑动吊弦。所谓滑动吊弦就是吊弦的一端可沿线路方向滑动，其形式多样。

为提高接触悬挂安装水平，京郑线、广深线等线路已普遍采用整体吊弦。整体吊弦是将铜绞线和C（承力索）形线夹、J（接触线）形线夹通过压接机压接在一起的，机械强度高，在电气上具有不间断性，可承受一定的电流，避免了环节式吊弦容易产生磨损和电火花烧伤等情况。整体吊弦在经过精确计算后，一次性安装不需要调整，减少了检修工作量。

电连接

电连接由电连接线和线夹组成。其作用是连接几组接触悬挂，保证电路的畅通，实现并联供电，减小接触网阻抗，减少电能损耗，提高供电质量。在电气设备与接触网之间，用电连接线进行可靠连接，使设备充分发挥作用，避免出现烧损事故，满足各种供电方式和检修的需要。

电连接线一般和隔离开关配套使用，分为横向和纵向两种。在锚段关节处的电连接为纵向电连接，用来使供电分段或机械分段处两侧的接触悬挂实现电连通，在检修和处理事故时，可通过隔离开关达到电分段的目的。沿线路每隔一定距离将承力索和接触线连接起来的电连接为横向电连接，主要作用是实现并联供电。

锚段和锚段关节

为满足接触网在供电和机械两方面的需求，需将接触网分成若干个长度一定且相互独立的分段，每一个分段叫一个锚段。划分锚段的目的：便于接触网机械分段和电分段，便于安装张力补偿器和其他设备，提高供电灵活性，缩小事故范围，保证吊弦及定位器的偏移不超出规定值，改善接触悬挂，便于受电弓取流。

在隧道内应尽量避免分段，但若隧道长度超过 2 000 m，应在隧道内设置锚段。

锚段之间的衔接部分称为锚段关节。锚段关节应能使电动车组受电弓平滑、安全地从一个锚段过渡到另一个锚段，且弓网接触良好，取流正常。

中心锚结

在接触网中，为防止接触网线索断线造成整个锚段的接触悬挂解体，缩小事故的范围，同时为了减小因温度变化给线索造成的张力差，增加接触悬挂弹性的均匀性，在锚段中心位置通过中心锚结绳和中心锚结线夹，将接触线和承力索固定在接触网支柱上，这种固定的结构就叫做中心锚结。

2. 支持和定位装置

支持装置和定位装置保证接触悬挂导线相对于线路中心保持在所要求的位置上。支柱布置在线路的一侧，与线路中心保持一定的距离，为了把导线悬挂到支柱并固定在一定的位置上，必须有一套中间装置，即支持装置。支持装置包括腕臂、软横跨和硬横跨。为了使导线在水平面上相对于受电弓中心保持在所要求的位置上，还需采用定位装置。

腕臂支持装置

腕臂安装在支柱上端，用于支持定位装置和接触悬挂，并起传递负荷的作用，由绝缘子及相关连接零部件组成。腕臂系统包括平腕臂、斜腕臂、定位管、定位器、定位管支撑等组成部件。腕臂承受着外部设备、自然环境引起的外力及组成零部件的重力，要求具有足够的机械强度，结构尽量简单、轻巧，易于施工安装和维修更换。高速铁路建设中普遍采用铝合金材料和钢材料制成的腕臂结构。在高速列车运行中腕臂、接触网、受电弓三者是一种相互关联的协作关系，故而在设计中应尽量使腕臂支持结构以最佳状态承受这些载荷的叠加。

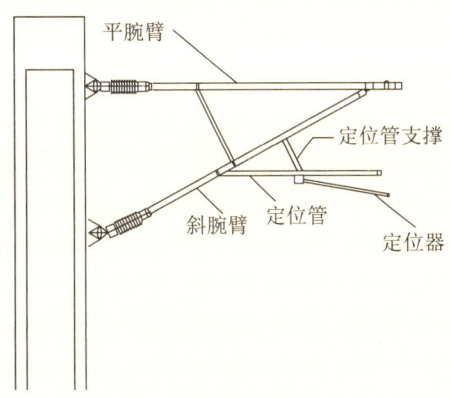

图 3.4　腕臂支持装置

软横跨

在站场上，多股道的接触悬挂借助于单根或数根横向线索悬挂布置在两侧的支柱上，这种装置称为软横跨。在一组软横跨中，有三根横向索道，即：横向承力索、上部定位索及下部定位索。横向承力索是软横跨受力的主要构件，它承受链形悬挂的垂直负荷。横向承力索一般由单根或数根钢绞索组成，对于跨越 3～4 股道的情况，通常使用单根钢绞索，而跨越股道较多、负载较大时，则使用两根或四根钢绞索。为了将悬挂导线固定在水平面内的一定位置上，在横向承力索的下部还布置有定位索。软横跨依据定位索的结构类型和定位器在定位索上的固定方式而有多种形式，如图 3.5 所示。在设有多条线路的枢纽站场，当支柱布置困难或硬横跨安装受限时，多采用软横跨。

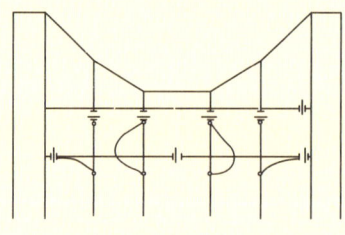
（a）下部定位索绝缘的软横跨

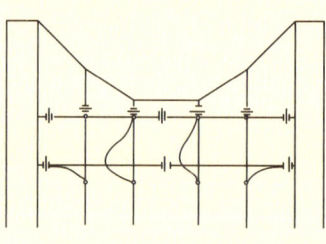
（b）上、下部定位索均绝缘的软横跨

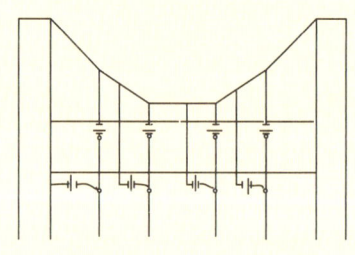
（c）横向承力索与定位索非绝缘的软横跨

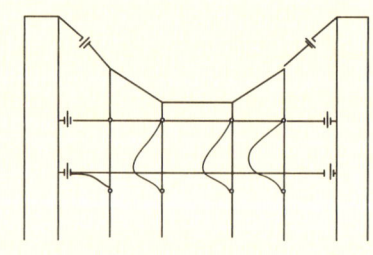
（d）横向承力索与定位索均绝缘的软横跨

图 3.5 软横跨类型

硬横跨

硬横跨是由横梁、支柱及基础组成的门型钢结构，一般用于多股道的站场。硬横跨在电气化铁路发展初期，在欧洲国家就有较广泛的应用。它的优点是形式单一、结构简单，便于机械化施工。

随着高速铁路在世界范围内兴起,硬横跨的优点在高速铁路中慢慢显现了出来。硬横跨不仅具有机械上独立、股道之间不产生影响、事故范围小、结构稳定、抗振动、抗风性能好、稳定性强等优点,而且具有较好的刚度、较高的稳定性,能改善弓网受流,同时又具有磨耗小、可降低离线率等一系列优点。此外,硬横跨具有模块化式的结构,互换性强,且外观一致、简洁、匀称、美观,有利于机械加工和机械化安装作业。硬横跨跨越能力强,能有效降低支柱高度,个别特大站场可以采用两跨或三跨连续式的硬横跨,既满足刚度及稳定性要求,又相对经济合理、适用。硬横跨结构如图 3.6 所示。

图 3.6　硬横跨

定位装置

定位装置是支持结构中的主要组成部分,它是在定位点处根据技术要求,把接触线进行横向定位的装置。在直线区段,相对于线路中心把接触线拉成"之"字形;在曲线区段,相对于受电弓中心的行迹则拉成切线或割线。

对定位装置的技术要求:一是动作要灵活,在温度发生变化、接触线移动时,定位装置应能以固定点为圆心,灵活地随接触线沿线路方向相应移动。二是质量应尽量轻,在受电弓通过定位点时,要求上下动作自如,并且有一定的抬升量,不产生明显硬点,其静态弹性与跨距中部应尽量一致。三是具有一

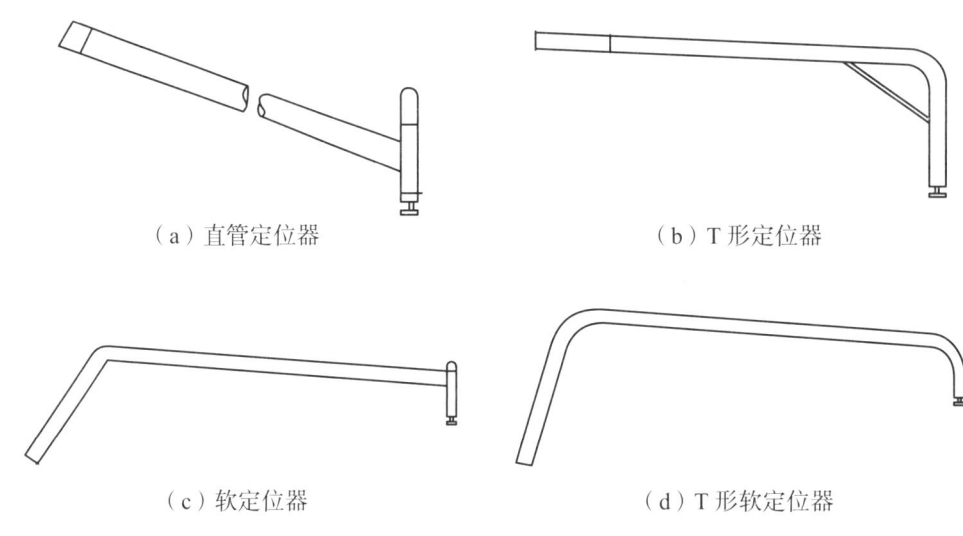

（a）直管定位器　　　　　　　　（b）T形定位器

（c）软定位器　　　　　　　　　（d）T形软定位器

图 3.7　定位器类型

定的风稳定性。

定位装置是由定位管、定位器、支持器、定位线夹及其他连接部件组成。定位器是定位装置的主体，它通过线夹把接触线固定到相应位置上。定位器从形状上可分为直管式定位器、弯管式定位器、特型定位器等数种，常用的定位器类型如图 3.7 所示。在曲线区段上，由于线路的外轨超高，动车组受电弓随之向曲线内侧发生倾斜。为避免定位器碰撞受电弓，要求定位器具有一定的倾斜度，其倾斜度规定在 1∶5～1∶10 之间。

定位装置的功能是固定接触线的位置，使接触线始终在受电弓滑板运行轨迹范围内，保证接触线与受电弓不脱离，并将接触线的水平负荷传给支柱。对于高速列车，采用带减振阻尼装置的多功能定位器，能改善受电弓的取流特性。

定位装置仅对接触线实行横向定位，根据支柱所处位置、功用及地形条件不同，定位装置的形式也不同。具体有以下几种。

正定位：定位器一端利用定位线夹固定接触线，另一端通过定位环与定位管衔接，定位管又通过定位环固定在腕臂上。在直线区段或曲线半径 $R = 1\,200 \sim 4\,000$ m 区段，就采用这种定位方式。

反定位：定位器附挂在较长的主定位管上，呈水平工作状态。主定位管受压力较大，为了使定位管保持水平，一般用两条斜拉线将定位管吊住，固定在承力索上。反定位一般用于曲线区段内侧支柱，或直线区段中"之"字值方向与支柱位置相反的地方。

软定位：这种定位装置只能承受拉力，而不能承受压力，用于曲线 $R \leqslant 1\,000$ m 的区段。为避免在某些特殊情况下拉力过小，经过计算，在曲线力抵消反方向的风力之后，拉力需保持 0.2 kN 以上方能使用这种方式。

组合定位：组合定位装置是用在锚段关节的转换支柱、中心支柱及站场线岔处的定位，这些地方均有两组接触线悬挂在同一支柱处，分别固定在所要求的位置上。组合定位的方式较多，各种组合定位的作用也不相同，这主要是根据各种各样的

图 3.8　正定位和反定位

地形条件及悬挂条件决定的。

单拉定位：这种定位的特点是没有腕臂，将软定位器直接通过绝缘子固定在支柱上。它一般用在曲线处，或因跨距较大，接触线的偏移达不到设计技术要求的某些特殊地点。

3. 支柱和基础

支柱是接触网中最基本、应用最广泛的支撑设备，用来承受接触悬挂与支持设备的负荷。高速铁路接触网支柱按其使用材质分为预应力钢筋混凝土支柱和 H 型钢柱两大类。

预应力钢筋混凝土支柱，简称为钢筋混凝土支柱，采用高强度的钢筋，在制造时预先使钢筋产生拉力，它比普通钢筋混凝土支柱在同等容量情况下节省钢材、强度大、质量轻。钢筋混凝土支柱本身是一个整体结构，不需另制基础，主要应用于设计速度 250 km/h 及以下的铁路。

H 型钢柱是利用 H 型钢与支柱法兰盘焊接而成，主要用于悬挂单侧线路，具有截面小、容量小、易加工、易安装、耐碰撞、运输成本低、运营维护简单及造型美观等优点。H 型钢柱主要应用于有景观要求、设计速度 300 km/h 及以上的铁路。如图 3.9 所示。

根据支柱在线路中的作用和性质，分为中间柱、非绝缘转换柱、绝缘转换柱、中心柱、锚柱和道岔柱等。不同性质的支柱，其安装的支持装置也不同。

中间柱

在中间支柱上，只安装一个腕臂，悬吊一支接触悬挂，并把承力索和接触线定位在所要求的位置上。区间中除锚段关节处的支柱外，其余均为中间柱，所以中间柱是用量最大的支持结构形式。

非绝缘转换柱

对于三跨的非绝缘锚段关节，中间的两根支

图 3.9 接触网 H 型钢柱

柱称为转换柱，它悬吊两支接触悬柱，一支为工作支，另一支为非工作支。工作支的接触线与受电弓接触；非工作支的接触线抬高约 200 mm，不与受电弓接触，通过转换柱拉向锚柱下锚。因此，转换柱需要安装两组定位器。两支接触悬挂的接触线在平面上平行，水平距离保持 100 mm。两支接触悬挂在电气上是连通的，在靠近锚柱一侧用电连接线连接起来。转换柱的悬挂形式有两种：一种称为 ZF_1 转换柱（曲线区段称 QF_1 转换柱），即工作支靠近支柱侧，非工作支远离支柱侧；另一种称为 ZF_2 转换柱（曲线区段称 QF_2 转换柱），即工作支远离支柱侧，非工作支靠近支柱侧。

绝缘转换柱

在四跨绝缘锚段关节处，也有两个转换支柱，悬吊两支接触悬挂，其中一支为工作支，另一支为非工作支。工作支的接触线与受电弓接触；非工作支的接触线抬高约 500 mm，不与受电弓接触，通过转换柱拉向锚柱下锚。两支悬挂的接触线在平面上平行，空气间隙为 500 mm，电气上能互相分开。转换柱上设有一台隔离开关，以实现相衔接的两个锚段在电气上连接或断开。转换柱的悬挂形式也有两种：一种称为 ZJ_1 转换柱（曲线区段称 QJ_1 转换柱），即工作支远离支柱侧，非工作支靠近支柱侧；另一种称为 ZJ_2 转换柱（曲线区段称 QJ_3 转换柱），即工作支靠近支柱侧，而非工作支远离支柱侧。

绝缘转换支柱的装配应能满足被衔接的两个锚段在电气上互相绝缘，所以工作支和非工作支的接触线之间、承力索之间在垂直方向和水平方向的投影都必须保持 500 mm 的绝缘距离，以保证在风力作用下导线振动、摆动时，绝缘距离均不小于最小的绝缘空气间隙要求。同样，在直线区段和曲线区段，其装配形式也是不相同的。

中心柱

位于四跨绝缘锚段关节的两转换柱之间的支柱，称为中心柱。在中心柱上同样要安装两套支持装置，悬吊的两支接触悬

挂均为工作支,且在平面上平行,空气间隙为 500 mm,电气上能互相分开。两支接触悬挂在中心柱两侧均经转换支柱向锚柱下锚。当受电弓通过时,同时接触两支接触线,使之平稳地过渡。

二、接触网的主要悬挂形式

目前,世界各地为满足高速受流的要求,都根据自己国家高速铁路规划的动力设置和受电弓的结构及性能的不同,采取不同的悬挂类型。

高速接触网的悬挂类型就其现有的情况而言,主要有简单链形悬挂、弹性链形悬挂和复链形悬挂(或称双链形悬挂)三种形式。

1. 简单链形悬挂

链形悬挂是指在接触线上方设有承力索,接触线通过吊弦悬挂在承力索上的悬挂形式。从结构上看,简单链形悬挂与弹性链形悬挂的区别就是在定位点处取消了弹性吊弦,如图 3.10 所示。法国开始修建从巴黎至里昂的东南新干线时,采用的就是弹性链形悬挂,但是正式运营后的 3 个月内发生了 2 起重大事故,造成导线拉断,接触网损坏。20 世纪 90 年代初,法国开始采用简单链形悬挂。目前,简单链形悬挂已基本被法国认可。这种形式为了得到良好受流,可以对吊弦进行合理分布,以提高接触线的张力。

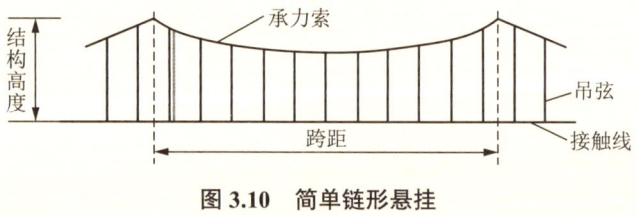

图 3.10 简单链形悬挂

简单链形悬挂结构简单、安全可靠、安装调整维修方便,适应于高速受流。缺点是定位点处弹性小，易形成相对硬点，磨耗大；如果选择结构形式合理、性能优良的定位器，则可弥补这方面的不足。此外，这种悬挂方式的跨中弹性大，会造成受电弓在跨中抬升量大；若在跨中采用预留弛度，则受电弓在跨中的抬升量可降低。

半补偿简单链形悬挂

半补偿链形悬挂的下锚承力索为硬锚，接触线装设张力补偿器。半补偿简单链形悬挂的结构如图 3.11 所示。当温度变化时，接触线在坠砣的作用下有纵向位移，而承力索基本上没有纵向位移，由此引起吊弦和定位器的偏移。每处的偏移在接触线上都产生水平张力，在极限温度下，会使接触线的张力在锚段中部和末端的数值相差很大，导致整个锚段内接触线的弹性不均匀。尤其在支柱定位点处，采用的是普通吊弦，会造成明显的硬点，显然不利于动车组取流。这种悬挂方式一般只用于车速不高的铁路支线和车站侧线等处。

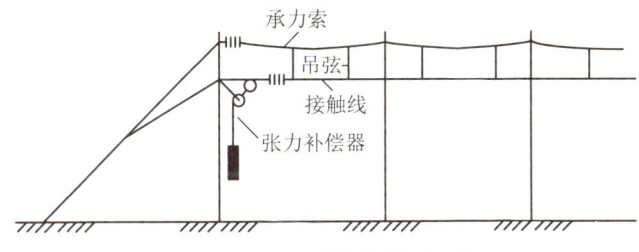

图 3.11 半补偿简单链形悬挂

全补偿简单链形悬挂

全补偿链形悬挂（如图 3.12 所示）在锚段两端下锚处承力索和接触线均设有张力补偿器，当温度变化时，在补偿器的作用下，承力索和接触线均发生纵向位移，大大减小了吊弦的偏移，并且承力索和接触线的张力几乎保持不变。因此，接触线高度变化很小，更有利于列车取流。

全补偿链形悬挂具有承力索及接触线张力不变的特点。与半补偿相比，具有弹性更均匀、弛度变化小、调整方便、结构

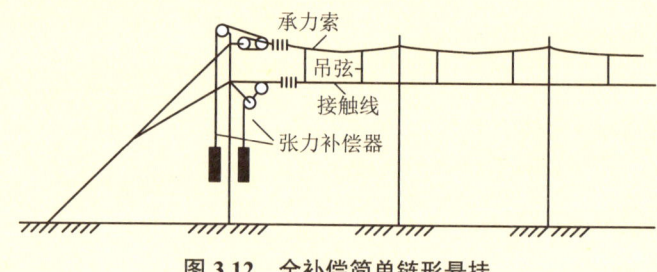

图 3.12 全补偿简单链形悬挂

高度小、对支柱容量及高度要求较小等优点，但下锚结构较复杂。

全补偿简单链形悬挂在支柱定位点处采用的是普通吊弦，仍会产生硬点，出现弹性不均匀的现象，故而这种悬挂形式使用较少。

2. 弹性链形悬挂

弹性链形悬挂在结构上，相当于简单链形悬挂在定位点处装设弹性吊索，主要有两种形式："Π"形和"Y"形。弹性吊索的材质一般与承力索相同，其线胀系数与承力索相匹配。

此种悬挂方式结构比较简单，改善了定位点处的弹性，使得定位点的弹性与跨中的弹性趋于一致，整个接触网的弹性均匀，受流性能良好。其缺点是弹性吊索调整维修比较复杂，定位点处导线抬升量大，对定位器的安装坡度要求较严格。

德国的城际快线（inter city express, ICE）采用的接触悬挂就是这种方式，代表类型有 Re250 和 Re330 两种，它们分别适用的速度为 250 km/h 和 330 km/h。其结构如图 3.13 所示。

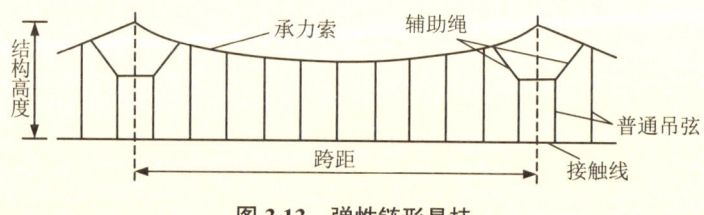

图 3.13 弹性链形悬挂

半补偿弹性链形悬挂

半补偿弹性链形悬挂的结构形式如图 3.14 所示,它与半补偿简单链形悬挂的区别在于支柱定位点处吊弦形式的不同。

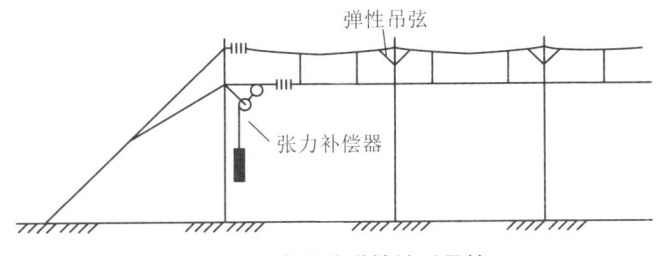

图 3.14　半补偿弹性链形悬挂

弹性链形悬挂在支柱悬挂点处增设了一根弹性吊弦。弹性吊弦由长 15 m 的辅助绳和 1 根(或 2 根)短吊弦构成。安装时,辅助绳两端分别固定在承力索上,短吊弦上端用 U 形滑动"夹环"同辅助绳连接,下端与接触线定位器相连。当温度变化时,可避免短吊弦产生过大偏斜。弹性吊弦的作用是增加支柱处接触线定位点的弹性,使其弹性均匀,有利于受电弓良好的取流。这种悬挂方式一般用于铁路干线和车站的正线上。

全补偿弹性链形悬挂

全补偿弹性链形悬挂在支柱定位点处采用了弹性吊弦,使支柱处接触线的弹性得到了改善,并使全锚段内的弹性更趋于均匀,所以它用于高速行车的铁路干线区间或站场的正线股道。如图 3.15 所示。

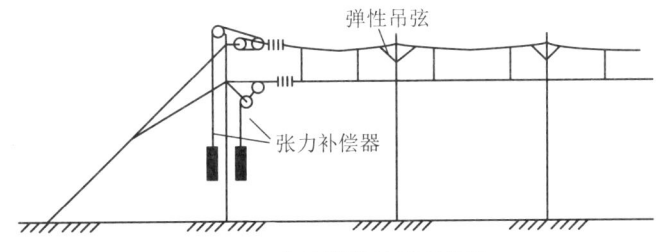

图 3.15　全补偿弹性链形悬挂

3. 复链形悬挂

复链形悬挂在承力索和接触线之间添加了一根辅助承力索，其结构形式如图3.16所示。

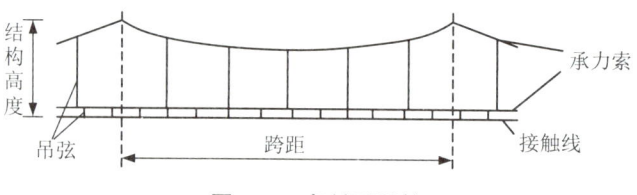

图3.16　复链形悬挂

复链形悬挂接触网的张力大（绷得紧），弹性均匀，抗风稳定性好，但安装调整复杂，致使其造价高、维护费用也高。同时，与弹性链形悬挂和简单链形悬挂比起来，复链形悬挂单位长度的重量更大，这就限制了它的波动（当列车行进时，接触线随受电弓的推进而产生波动）速度的提升，从而也就限制了列车速度的提升。

日本新干线一开始采用的就是简单复链形悬挂方式，这主要是因为它的受流稳定性和风稳定性都比较优越，弹性均匀度较好。日本在动力配置方面采用动力分散式，是多弓式的四动四拖车组，日本是一个岛国，风速普遍较大，这是采用复链形悬挂的主要原因，也是新干线首次取得受流成功的基础。但复链形悬挂单位长度、质量都较大，造成波动速度无法提升，影响列车速度进一步提高，而且也会造成接触线较大的波状磨耗，进而影响使用寿命。后来在北陆线修建新干线时，接触网采用了简单链形悬挂。

以上三种代表性的接触网悬挂方式，经运行实践证明，都能适应200 km/h以上的运行速度，而且各种不同的悬挂类型都是根据不同国家具体情况决定的，并且都选择了与悬挂类型相匹配的高速受电弓。我国高速铁路的正线接触网采用的多是全补偿弹性链形悬挂，正线以外的其他线路（联络线、站线、渡线、动车段线等）因最高运行时速不超过160 km/h，仍采用全补偿简单链形悬挂。我国以京沪高铁为代表的很多高铁线路采用的就是这种接触网悬挂模式。

三、接触网的主要技术参数

接触网是一种特殊形式的供电线路，它的任务是保证对电动车组可靠不间断地供应电能。要保证受电弓与接触线的良好接触和可靠受流，对接触悬挂的设计、施工和运营必须有一定的要求；而且在运营过程中必须进行一系列检测工作，以便及时发现隐患，克服接触悬挂在某些环节中存在的问题，保证接触悬挂时刻处于良好的工作状态。

要保证弓网间良好的受流状态，接触网的以下技术参数是非常关键的。

接触线拉出值

在高速铁路上，为了延长受电弓的使用寿命，使滑板磨耗均匀，接触线在线路的直线区段沿线路中心被布置成"之"字形，在曲线区段被布置成折线的形式，而且此折线一般与受电弓中心的行迹相割或相切。在曲线区段，定位点处接触线距受电弓中心线行迹的距离就称为拉出值（或称伸出值）；在直线区段，接触线在定位点处相对于线路中心的偏移距离，称为"之"字值，为简便起见，统称为接触线拉出值。如图 3.17 所示。

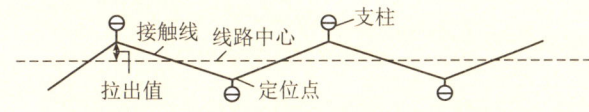

图 3.17 接触线的"之"字形布置

接触线的工作不能脱离电动车组的受电弓。受电弓的最大工作宽度为 1 250 mm，考虑到受电弓和接触线的摆动以及接触线受风偏移等因素，确定接触线在受电弓上的允许工作范围为中段的 1 000 mm，即从受电弓中心线起两侧各 500 mm，接触线的悬挂应保证不超过这个范围。

显然,接触线拉出值如果设置得太小,则达不到均匀滑板磨耗和延长受电弓寿命的目的;如果设置得太大,在某些情况下,如遇到大风,接触线在某些部位就会超出受电弓的有效工作长度,造成刮弓或钻弓事故。同时,在接触网架设以后,有时也会因为金属零件的松动、气温的变化以及支柱倾斜等偶然因素,使得接触线拉出值超出设计值,甚至会出现事故。为了避免上述现象的发生,要经常检测接触线拉出值的大小及其变化。接触线拉出值的检测范围为 ±500 mm,分辨率为 10 mm,误差为 20 mm。

另外,为了使受电弓滑板磨耗均匀,在曲线区段接触网采用直链形悬挂,在直线区段采用半斜链形悬挂。如图 3.18 所示。所谓直链形悬挂是指承力索和接触线布置在同一垂直面内,即承力索和接触线在水平面上的投影完全重合,在曲线区段接触线布置成受拉状态,即把支柱定位点处的接触线向曲线外侧拉出一定的距离。所谓半斜链形悬挂,是在直线区段接触线布置成"之"字形,承力索架设在线路中心的正上方成直线形。

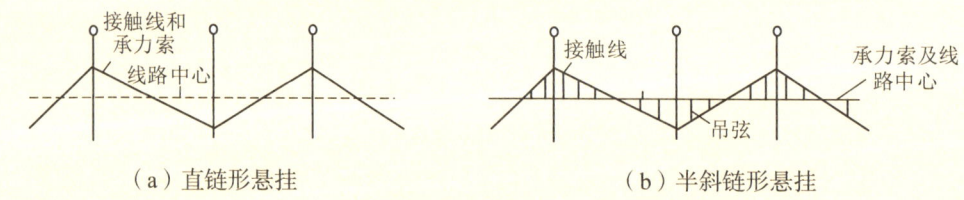

(a) 直链形悬挂　　　　　　　(b) 半斜链形悬挂

图 3.18　按接触线和承力索相对位置划分的链形悬挂

导线高度

导线高度是指接触导线距钢轨面的高度。它的确定受多方面的因素制约,如车辆限界、绝缘距离、车辆和线路振动、施工误差等。一般来说,高速铁路接触导线的高度比普通电气化铁路的接触导线低,这主要是因为高速铁路一般无超级超限列车通过,车辆限界为 4 800 mm。为了减少列车空气阻力及空气动态力对受电弓的影响，受电弓的底座沉于动车组车顶的顶面，受电弓的工作高度较小。高速铁路接触导线的高度一般不低于 5 300 mm，综合考虑其他因素，导线高度在 5 300～5 500 mm 为好。接触线高度的允许施工偏差为 ±30 mm。

接触线张力及张力补偿

接触网不仅线长而且悬挂点多，工作于自然环境中，经常受风、雨、冰、雪等恶劣条件的影响，其空间姿态、位置和连接状态都处于动态变化之中，发生故障的概率较大。此时，就要通过接触网线索张力来反映接触网的安全状态。

接触线、承力索的额定工作张力应符合以下规定：

第一，接触线、承力索的额定工作张力应符合允许工作应力的安全要求。

第二，接触线额定工作张力应符合波动传播速度的要求，并经系统仿真评估后确定，允许最大磨耗时安全系数不应小于 2.0。在考虑接触线和承力索允许工作温度、接触线最大磨耗、风和冰载、补偿装置精度和效率等因素引起的折减系数后，接触线、承力索允许工作应力不应大于其抗拉强度或拉断力的 65%。

第三，接触线、承力索截面和工作张力应根据实际工况，通过供电计算及弓网仿真计算后确定。设计速度 250 km/h 时，铜合金 150 mm^2 接触线额定工作张力不应小于 25 kN，铜合金 120 mm^2 接触线额定工作张力不应小于 15 kN。

第四，设计速度 300 km/h、350 km/h 时，铜合金 150 mm^2 接触线额定工作张力不应小于 28.5 kN。

当接触网线索张力不能满足要求时，就需要用到接触网补偿装置。接触网补偿装置又称张力自动补偿器，是自动调节接触线和承力索张力的补偿器及其自动装置的总称。补偿器也能调节补偿瞬时线索张力变化，起到保护线索的作用。

对张力自动补偿装置的要求有两个：第一，补偿装置要灵活，在线索张力发生缓慢变化时，应能及时补偿，传送效率不

小于97%。第二，具有快速制动作用，一旦发生断线事故或因其他异常情况而导致线索内的张力迅速变化时，补偿装置还要有制动功能。对于全补偿的承力索补偿装置，若不具备制动功能时，还需专门增加断线制动装置，以防止发生断线时坠砣串落地，造成事故扩大、恢复困难。

接触网补偿装置按结构分为滑轮组补偿装置、棘轮补偿装置、恒张力弹簧补偿装置、液压补偿装置等。我国高速铁路中使用最广泛的是棘轮补偿装置。

棘轮补偿主要由棘轮、安装底座、连接线夹（双耳楔形线夹）、坠砣限制架、棘轮支架、补偿绳、平衡轮及制动块组成。棘轮补偿装置如图3.19所示。

接触线预留弛度

在接触导线安装时，要使接触线在跨内保持一定的弛度，以减少受电弓在跨中对接触线的抬升量，改善弓网的振动。对高速接触网，简单链形悬挂设预留弛度，弹性链形悬挂一般不设预留弛度。若跨距为L，则预留弛度可取为L/500～L/1 000。一定跨距的预留弛度都有一个最佳值，大于或小于最佳值都会降低受流质量。

跨距

跨距的长度受接触网弹性的影响，跨中弹性与跨距成正相关。因此，跨距减小则跨中弹性也相应地减小，接触网的弹性差异也减小，而且还能减小接触网压力的标准偏差。理论上，选择的跨距越小越好，但是从经济角度来说，减小跨距会造成支柱数量增多，大大提高工程造价，这显然是不合理的。

在高速条件下，跨距受弹性差异、结构高度的影响较大，建议标准跨距采用60～65 m，最小跨距不小于50 m。跨距宜经仿真评估后确定，可参考表3.1。

结构高度

结构高度指的是定位点处承力索距接触线的距离，由最短

图3.19　棘轮式补偿装置

表 3.1　跨距选用表

悬挂类型		设计速度		
		250 km/h	300 km/h	350 km/h
简单链形悬挂	标准跨距（m）	50	50	50
	最大跨距（m）	55	55	55
弹性链形悬挂	标准跨距（m）	60	55	55
	最大跨距（m）	65	60	60

吊弦长度决定。

长吊弦情况下，当承力索和导线材质不同时，因温度变化引起的吊弦斜度小，锚段内的张力差小，有利于改善弓网受流特性。长吊弦的另一个优点是，高速行车引起导线振动时，吊弦弯度小，可以减少疲劳，延长使用寿命。因此，为了使架空接触网适合于高速运行，在条件允许时，应给定足够的结构高度。

结构高度还受到悬挂形式、跨距（经济性）的影响，与侧面限界也有关。综合考量各个因素，在预留时速 350 km/h 的条件下，结构高度一般选用 1.5～1.8 m 为宜，特殊情况下，如在隧道内或跨线建筑物下，可采用 1.1～1.4 m。在设计速度 300 km/h、350 km/h 的区段，最短吊弦长度不小于 600 mm，设计速度为 250 km/h 时，最短吊弦长度不小于 500 mm。

吊弦分布和间距

吊弦分布有等距分布、对数分布、正弦分布等几种形式，为了设计、施工和维护的方便，吊弦分布一般采用最简单的等距分布。

吊弦间距指一个跨距内两相邻吊弦之间的距离。改变吊弦间距可以调整接触网的弹性均匀度，但是如果吊弦过密，将影响接触导线的波动速度，而对弹性改善效果不大。所以，确定吊弦间距时，既要考虑改善接触网的弹性，又要考虑经济因素。我国吊弦分布间距初步设计为 6～8 m，最后根据受电弓

参数及其他接触网参数确定。日本复链形接触网多采用密式分布，吊弦间距 5 m；西欧单形接触网多采用稀式分布，吊弦间距 9 m。

锚段长度

确定锚段长度，主要考虑的要求有：接触线和承力索的张力增量不宜超过 10%，且张力补偿器工作在有效范围内；定位器的偏移要在允许的范围内；在温度变化范围内，导线高度的变化在允许的范围内。

高速铁路接触网的锚段长度与常规电气化铁路基本一样，一般情况下直线区段锚段长度建议取 1 200 ~ 1 400 m，曲线区段相应减小。

接触线坡度

除锚段关节外，接触线悬挂点高度的设计坡度有如下要求：

设计速度大于 250 km/h 时为 0；设计速度为 250 km/h 时不超过 1‰，坡度变化率不超过 0.5‰。

绝缘距离

接触网各部分绝缘距离的确定可参考表 3.2。

表 3.2 空气绝缘间隙表

序号	项目	正常工况下最小值（mm）
1	接触网、供电线、正馈线等带电部分至接地体的间隙。	300
2	接触网带电部分至车辆的间隙。	350
3	接触网、供电线、正馈线等带电部分至跨线建筑物的间隙。	500
4	受电弓振动至极限位置和导线被抬起的最高位置距接地体的瞬间间隙。	200
5	25 kV 带电绝缘子接地侧裙边距接地体间隙。	100
6	43.3 kV 绝缘间隙（120° 相位电分相间，如分相关节）。	400
7	50 kV 绝缘间隙（180° 相位电分相间，如 AT 区段正馈线与接触网间）。	540

定位管坡度

定位器是支持和确定接触线横向位置的装置，接触线拉出值就是靠定位器的支持（拉、压）来实现的。为了避免在受电弓通过定位器时因抬起接触线造成受电弓滑板撞击定位器，连接定位器的定位管以 1∶10（或 1∶6）的坡度安装。

四、电分相及自动过分相技术

在单相交流牵引供电系统中，电动车组是由单相电供电的，为了平衡电力系统的 U、V、W 各相负荷，一般实行 U、V 相轮流供电，所以 U、V 相之间要分开，称为电分相。电分相通常由分相绝缘器实现。在变电所和分区亭出口处及供电臂的末端必须设置电分相装置。

高速铁路每隔 25～30 km 设置一处电分相，每一个电分相长度约 80～120 m，按列车速度 200 km/h 算，每 8～10 min 就要过一处电分相。若手动过电分相，不但频率非常高，而且司机必须在不到 1 min 之内完成手动分闸、降弓及升弓、合闸等一系列操作。这样频繁且紧张的操作，不仅加大了司机的劳动强度及精神负担，稍有不慎还会造成事故。随着高速铁路的发展，自动过电分相技术就显得愈加重要。

目前，在高速铁路发达的国家，使用的都是自动过电分相技术，因各国的具体情况不同，自动过电分相方式也有很大差异，总体上有以下 3 种。

1. 地面开关自动切换过分相方式

这种方式的工作原理如图 3.20 所示，图中 1JY、2JY 是绝缘锚段关节，当电动车组从 U 相驶来到达位置传感器 1CG 时，位置开关 1ZK 闭合，中性段由 U 相供电。待列车进入中性段到达位置传感器 3CG 时，1ZK 断开，2ZK 随即闭合，中性段由 U 相转为 V 相供电，司机不用进行任何操作。待列车驶离 4CG 后，2ZK 断开，中性段恢复失电状态。所有开关设

备均安装在变电所内。

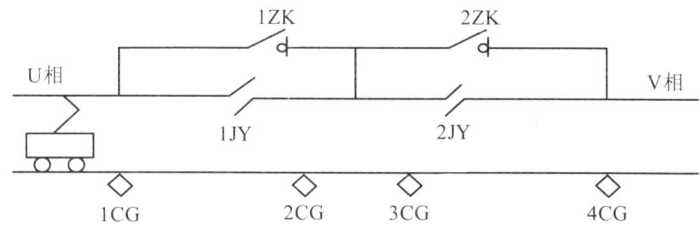

图 3.20　地面开关自动切换过分相原理图

2. 柱上开关自动断电过分相方式

柱上开关自动断电过分相原理如图 3.21 所示。$f_1 \sim f_6$ 共 6 个分段绝缘器将接触网分成 7 段、5 组过渡区。当电动车组位于分段绝缘器 f_1 左边时，该分段绝缘器两端 1、2 两段接触网通过线圈 a 连接处于同电位。当电动车组通过分段绝缘器 f_1 进入 2 段后，受电弓通过电磁线圈 a 取流，真空开关 A 闭合，区段 3 带电。当电动车组进入区段 3 后，线圈 a 电流为零，真空开关 A 断开，电动车组失电，滑行通过区段 3、4、5。当电动车组通过分段绝缘器 f_5 进入区段 6 后，受电弓通过电磁线圈 b 取流，开关 B 闭合，区段 5 有电（对列车运行无意义），电动车组带电通过 f_6 进入区段 7，电磁线圈 b 电流为零，开关 B 打开，列车完成一次自动分相。当电动车组反方向运行时，过程与此相反。

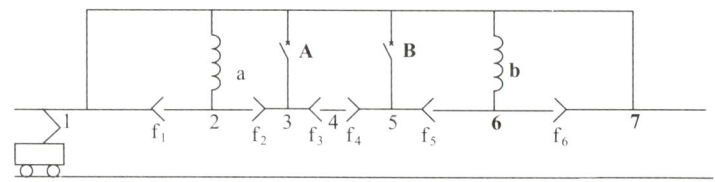

图 3.21　柱上开关自动断电过分相原理图

3. 车载断电自动过分相装置

车载断电自动过分相对接触网没有特别要求，接触网采用普通分相结构。过分相断电装置包括装于电动车组控制室内的车载装置和设在电分相区域的地面装置，主要有地面感应装置、车载感应接收装置、主电路设备和控制设备。

地面感应装置，也称地感器，它安装在电分相区域的相应位置，能为电动车组过电分相提供准确的位置信息。车载感应接收装置，也称信息接收器，它安装在电动车组上，专门用于接收地感信息。主电路设备是实现过电分相时断开、分合主电路电源的主体设备。控制设备是实现自动化及智能化的主体设备。

这种方式的工作原理如图 3.22 所示。

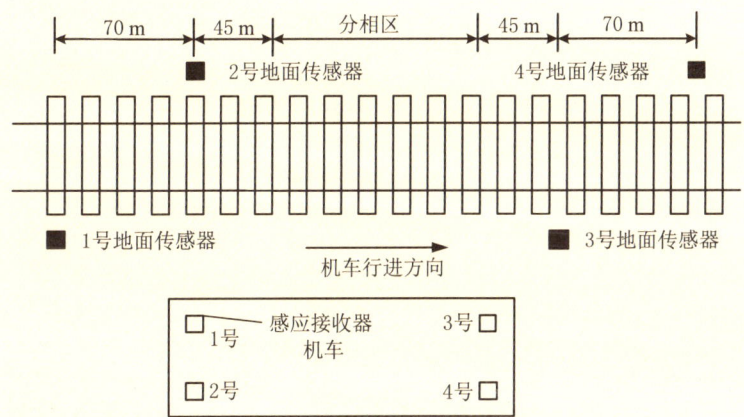

图 3.22　地面感应装置的布置图

电动车组按图示方向行进时，2、4 号车载感应装置应可靠接收 1 号地面感应器的信号，这个信号为预备信号，控制装置做好断电准备。当电动车组继续前进时，1、3 号车载感应装置应收到 2 号地面感应器信号，这时，控制装置立即执行断电过分相动作。2、4 号车载感应装置经过 3 号地面感应器后，恢复电动车组正常运行。

五、接触网的防雷

接触网是牵引供电系统的主要构成部分，大部分暴露在自然环境中，且无备用系统，因此一旦遭雷击形成永久性故障将造成供电区段的停运。根据规范只有强雷区接触网才架设独立的避雷线，但我国高速铁路接触网一般处于多雷区，接触网未设避雷线，易遭受雷击引起损坏。

我国高速铁路的主要供电方式有 AT 供电和带回流线的直接供电，雷击承力索（接触线）、正馈线都会导致绝缘子对地闪络。当沿线接地电阻不能满足要求时，雷击保护线、正馈线还会导致反击，进而引发供电系统故障。

近年来，接触网因遭雷击而引发牵引供电系统故障的案例时有发生。例如，2011 年 7 月 10 日，京沪高铁滕州至枣庄段因暴雨雷电天气致使供电系统故障，进而损伤接触网，迫使开通运营仅 11 天的京沪高铁陷入短暂瘫痪。2013 年 5 月 27 日，京广高铁郴州西至乐昌东区段接触网遭遇雷击，致使多趟列车不同程度晚点，乘客被困车上 4 个多小时。2016 年 6 月 1 日，宁安高铁池州段接触网遭雷击失火，并引发部分高铁接触网燃烧，事故造成宁安高铁部分列车停运或延误，并有 200 多名旅客滞留。

图 3.23　雷击高铁概念图

雷击让高铁接触网最薄弱之处暴露无遗，为了保证高铁运行的安全性和可靠性，必须要采取有效的防雷措施。

1. 接触网雷害类型

接触网系统常见的雷害类型主要有直击雷过电压和感应雷

过电压两种。其中直击雷过电压主要是雷闪击回流线等接地部分和雷击承力索或接触线等高压部分而产生的过电压。感应雷过电压指的是雷闪击接触网附近地面后产生的过电压。

当雷电直接击中接触网支柱或回流线时，雷电流通过支柱内部钢筋或接地引下线流入大地。由于支柱接地电阻以及钢筋和引下线的阻抗作用，雷击点的电位会提升，绝缘子两端电位差会增大，当电位差超出绝缘子冲击放电电压时，绝缘子就会发生闪络，引起跳闸。

当雷电直接击中接触线或承力索时，接触线与承力索在波阻抗和雷电流的作用下，电位上升，绝缘子两端电压差增大。雷击接触网或承力索产生的直击雷过电压幅值与雷电流幅值成正比，即雷击过电压约为100倍的雷电流幅值，有可能产生几十到几百万伏特的过电压，这足以造成绝缘子闪络，引起跳闸。这两种情况分别称为雷电绕击和雷电直击。

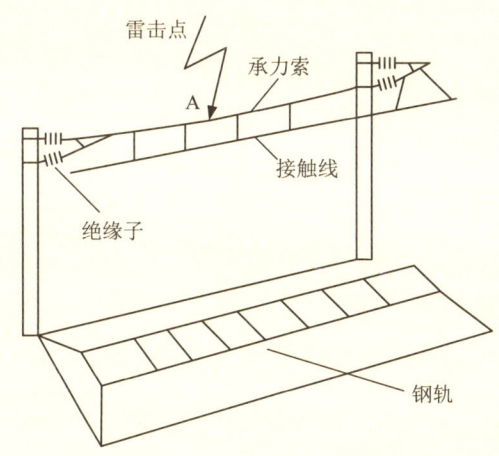

图 3.24　雷击接触网示意图

当雷电击中接触网附近地面时，由于电磁感应，在导线或回流线上产生较高的感应电压，当该电压超过绝缘子的 $U_{50\%}$ 闪络电压时，将导致绝缘子闪络，引起跳闸。

2. 接触网防雷体系

不同的国家和地区都有自己的接触网防雷体系。由于地质、气候、供电系统结构等差异，我国的防雷体系不能完全套用德国、日本等高速铁路发达国家的防雷标准。因此，有必要在参考国外高速铁路牵引供电系统防雷手段的同时，结合我国高铁的具体情况，探索出一套适合我国高速铁路牵引供电系统的防雷体系。

日本防雷体系

日本有着特殊的地理条件和气象条件，在电气化铁路防雷设计中，根据雷击频度和线路重要程度，将国土防雷等级划分为A、B、C区域，并制定了相应的防雷措施。A区为雷害严重且重要线路，需进行全面防雷保护，全线架设避雷线。B区为雷害比较严重且重要线路，需对雷害场所、重点设备进行必要的防雷保护，在特别需要的场所沿接触网架设避雷线。A、B区避雷器设置在牵引变电所出口、接触网隔离开关两侧、架空线与电缆连接处及架空线终端。C区为A、B区以外的区域，避雷器设置在牵引变电所出口、接触网隔离开关两侧及架空线与电缆连接处。

德国防雷体系

德国的高速铁路ICE通达全国各地。德国铁路实际测量结果表明，接触网每百公里每年可能遭受一次雷击。因此，在接触网的防雷设计中，未考虑直击雷防护，仅采用避雷器来限制感应雷击过电压。由于欧洲国家雷击次数少，因此，采用自动重合闸的手段完全能够满足可靠供电的要求，故欧洲国家铁路防雷措施较为简单。

我国国内防雷体系

根据雷电日的数量，我国将雷击区域分为4个等级：年平均雷电日在20 d及以下地区为少雷区，年平均雷电日在20 d以上、40 d及以下地区为多雷区，年平均雷电日在40 d以上、60 d及以下地区为高雷区，年平均雷电日在60 d以上地区为强雷区。

高速铁路牵引网绝大部分没有直击雷防护措施，即在线路上无避雷线和避雷针。但是在线路的一些关键部位装设了避雷器，如在隧道口两端、变电所入口、长大桥两端。

隧道内部的绝缘相对较弱，接触网与隧道壁距离较近，容易出现雷击造成的隧道壁放电现象。因此为防止外部过电压的侵入，在隧道出、入口两端各装设一套避雷器。

高速铁路在跨越河流和山谷等区域时，往往采用高架桥方式，高架桥上接触网支柱皆通过桥墩中的接地引下线和内部钢筋结构接地，接地电阻难以达到规程要求。因此在大桥两端装设避雷器，用以防止雷击高架桥上接触悬挂系统产生的过电压造成绝缘闪络。

3. 接触网防雷措施

牵引供电系统的接触网防雷较单一地以避雷器为主，在变电所出口、锚段关节、长大隧道口、长大桥梁均装设了避雷器，但整体效果并不好，而且在运行过程中避雷器爆炸的情况时有发生，严重时将导致永久性停电。为了做好接触网的防雷工作，还应尝试其他的防雷措施。

架设避雷线

避雷线主要用于保护架空线路免受雷电直击。它由悬挂在被保护物上空的接地线、接地引下线和接地体三部分组成。避雷线通过其屏蔽作用不仅可以减少雷电直击导线的概率，还可以降低雷电感应过电压的幅值。架设避雷线是一种较为有效的线路防雷措施，在电力系统中有多年的运行经验，可以安装在承力索上方或者支柱上方。

架设避雷线除防护直击雷之外，还可以对雷电流进行分流以减少流入杆塔的雷电流，使塔顶电位下降。同时还能对导线耦合，降低导线上的感应过电压，对输电线路可以起到很好的防雷保护。

避雷线安装示意图如图 3.25 所示。

将避雷线安装在杆塔顶部，对地高度较正馈线高出 2～2.5 m（直供方式时对地高度较接触线高出 1.5～2 m），

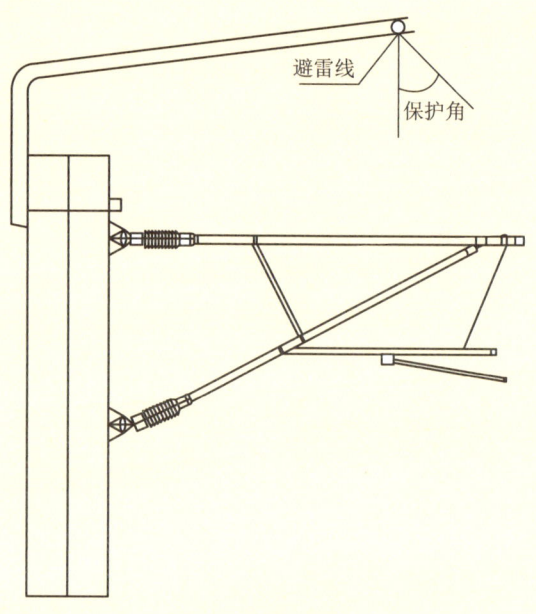

图 3.25 避雷线安装示意图

并与地线相连接,与支柱钢筋连在一起。通过支柱底部的接地孔接地,以保证雷击过电压及时通过接地引下线泄漏至大地中,从而有效防止直击雷。

避雷线除了要在保护范围内具有引雷作用外,还要求避雷器的泄流通道(回路)的阻抗(包括引流线电抗和接地电阻)很小,这也是保护的必要条件。因为在雷电直击避雷线时,很高的引流线电抗和接地电阻可能产生很高的电压,引起避雷线在空气中、绝缘物或地面上对被保护物反击。

中华人民共和国电力行业标准《交流电气装置的过电压保护和绝缘配合》(DL/T620-1997)中规定,避雷线保护范围内可遭受雷击概率为1‰,即保护范围可靠率可达999‰。保护范围是指被保护物遭受雷击的概率在可接受值之内的空间。

避雷线一般用于输电线路的直击雷防护,也可用于保护发电厂和变电所。保护范围的长度与线路等长,而且两端还有其保护的半个圆锥体空间。常用保护角的大小来表示其对导线的保护程度。保护角是指避雷线和边导线的连线与经过避雷线的垂直线之间的夹角。雷击导线的概率随保护角的减小而降低，所以按线路重要程度的不同，通常在 15°～30° 之间选不同的保护角。

单根避雷线在水平面上每侧保护范围的宽度可由下式确定：

当 $h_x \geq h/2$ 时，$r_x = 0.47(h - h_x)p$；
当 $h_x < h/2$ 时，$r_x = (h - 1.53h_x)p$。

式中：h 为避雷器高度，m；h_x 为被保护物高度，m；r_x 为保护范围，m；p 为高度修正系数。

当 $h \leq 30\,\mathrm{m}$ 时，$p = 1$；
当 $30\,\mathrm{m} < h \leq 120\,\mathrm{m}$ 时，$p = 5.5/\sqrt{h}$。

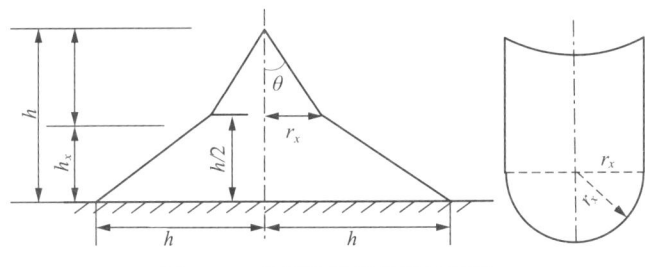

图 3.26　单根避雷线的保护范围

双根避雷线的外侧保护范围按单线的计算方法确定（见图 3.27）。两线之间各横截面的保护范围，应由通过两避雷线点及保护范围上部边缘最低点 O 的圆弧确定。O 点的高度如下式计算：

$h \leq 30\,\mathrm{m}$ 时，$h_0 = h - D/4$；
$h > 30\,\mathrm{m}$ 时，$h_0 = h - D/4p$。

式中：D 为两线间距离，m；h_0 为两避雷线间保护范围边缘的最低点高度，m。

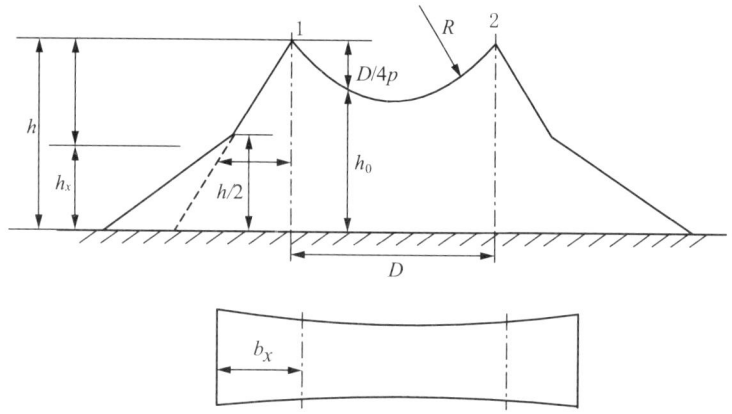

图 3.27 双根平行等高避雷线的保护范围

安装并联间隙

并联间隙防雷,是一种"疏导型"的防雷保护措施,和传统防雷保护方式不一样。"疏导型"防雷保护是指允许线路有一定的雷击跳闸率,雷击引起线路绝缘闪络后,采取措施引导工频续流电弧飘离绝缘子串燃烧。虽有雷击闪络,但无永久性故障,提高了重合闸成功的概率。

并联间隙是在绝缘子串旁并联一对金属电极(又称招弧角或引弧角),构成保护间隙,通常保护间隙的距离小于绝缘子串的串长。并联间隙防雷保护装置应具有引导雷电放电、转移疏导工频电弧和均匀工频电场3种功能,这与组成并联间隙招弧角的形状和尺寸有很大关系。

当架空线路遭受雷击时,并联间隙因冲击放电电压低于绝缘子串的放电电压,故首先放电,随后产生工频短路电弧。短路电弧在电动力和热浮力的作用下,向远离绝缘子串的方向运动,最后稳定在并联间隙端部进行燃烧,直至跳闸熄灭。由于电弧被拉向远离绝缘子串的方向,从而避免了其对绝缘子串的灼烧,有效地保护了绝缘子串不受损伤。

另一方面,高压架空线路上由于绝缘子的工频闪络如污闪、湿闪、冰闪等造成的事故也很多,给电力系统带来的损害

图 3.28　并联间隙

也很严重。因此，安装并联间隙的另一个优点是当绝缘子发生闪络时，能够有效地将绝缘子表面的工频电弧拉到远处燃烧，有效地保护绝缘子。

这种防雷方法的缺点是，在绝缘子串上大量安装了并联防雷保护间隙，线路在雷电过电压下的绝缘水平会不可避免地降低，耐雷水平也会降低，线路耐雷水平的降低往往会导致雷击跳闸率的升高。

在实际运用中，引弧并联间隙作为一种线路防雷保护方式，应起到以下作用：正常运行时，能改善绝缘子电压分布；能在可靠定位雷电放电路径的同时，具有尽可能高的雷电放电电压；能定位、疏导工频电弧，保护绝缘子和导线免受工频电弧的灼烧；引弧并联间隙的气隙距离一般取绝缘子串长度的 70%～95%。

并联间隙结构简单、成本低，应用并联间隙保护与不采取措施情况相比，雷击跳闸率会略有增加，但可降低接触网运行维护工作量，适宜差异化特殊选用。

增设避雷器

避雷器能够通过其非线性伏安特性限制绝缘子两端的电压，使绝缘子不发生闪络，并抑制工频续流，防止线路因雷击跳闸。在有雷击发生时，只要避雷器的冲击放电电压小于绝缘子的冲击放电电压，避雷器就会动作，以避免变电所馈线断路器跳闸。同时，由于避雷器动作后吸收了雷电能量，绝缘子、支柱等受到的冲击电压仅为避雷器的残压，提高了耐雷水平。避雷器防护效果好，但成本略高。

目前接触网常用的避雷器为带脱离器的氧化锌避雷器，采用无间隙金属氧化物避雷器，阈值（42 kV）小于接触网绝缘子的耐压值（270 kV 以上）。当雷击时，避雷器先动作，泄放雷电流，可有效切除工频续流。

雷电击中接触网时，如果产生的电压大于避雷器的放电电压，避雷器会立即将雷电流释放出来，并在工频电压下表现出高电阻，截断工频续流，避免绝缘子出现闪络，使接触网持续稳定地工作下去。将线路避雷器安装在支柱上，可以有效降低雷击跳闸率。

按照接触网跳闸率的相关规定要求，雷击跳闸率的控制标准为 0.83。为了保证防雷效果，要尽量密集地安装避雷器，按照一个锚段设置一个避雷器的标准进行设置，可以将雷击跳闸率控制在 0.452 左右，符合规定要求。但是由于避雷器经过长期使用会出现老化，安装过于密集并不科学，为了保证避雷效果，只需要将线路避雷器安装在雷击相对集中的地方。

虽然设置避雷器对提高接触网的耐雷水平有一定作用，但必须认识到接触网安装避雷器的不足之处和其在整个牵引供电系统防雷保护作用的局限性。接触网上安装的避雷器保护范围有限，只能防止其保护范围内的接触网绝缘闪络、电动车组车顶保护电器动作。接触网用氧化锌避雷器大都采用带串联间隙的结构，其复合绝缘子长度短，污秽条件下的工频电压耐受能

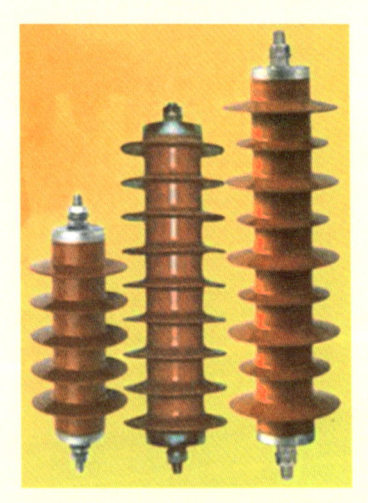

图 3.29　氧化锌避雷器

力低，可能会增加污闪事故率。如大密度安装避雷器则每年的预防试验和维修工作量极大，维修费用也将大大增加。

综上所述，接触网上安装避雷器的保护距离和发挥的作用有限，只能作为牵引供电系统防雷措施的一种补充。由于雷击发生的时间、地点以及雷击强度的随机性，对雷击的防范难度很大，要达到完全阻止或避免雷击事故的发生是不可能的，只能将雷电灾害程度尽量降低，尽可能降低被保护的接触网和牵引变电设备遭受雷击损害的风险。

使用合成绝缘子

接触网受到雷击后，会出现重合闸失败的情况。究其原因，主要是因为工频续流电弧被灼烧后出现破损、炸裂，无法自动恢复线路绝缘性，导致重合闸失败。为了避免绝缘子被烧毁，首先要疏导工频电弧，避免电弧在绝缘子的表面燃烧；其次，使用避雷器和避雷线来避免工频电弧和线路闪络建立；除此以外还要注意提高绝缘子的抗灼烧能力。

当前输配电线路中的绝缘子主要使用合成硅橡胶绝缘子和玻璃绝缘子两种。在抵御灼烧能力方面，合成绝缘子具有明显的优势：当合成绝缘子被工频电弧灼烧时，喷出的气体有吹弧效果，会使电弧从绝缘子的表面离开。此外，在局部受热的情况下，硅橡胶材料不会马上炸裂，有助于恢复绝缘。在经过灼

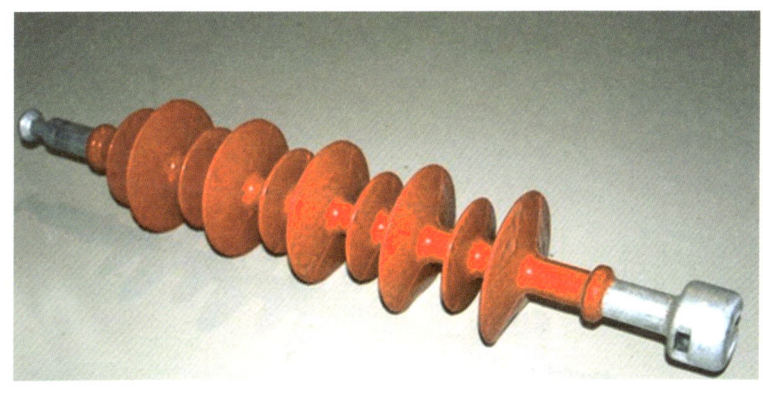

图 3.30　合成硅橡胶绝缘子

烧后，合成绝缘子伞群不会脱落，并且具有良好的绝缘效果，线路达到了重合闸的效果。而瓷绝缘子如果被灼烧，绝缘就会失效，线路重合闸就会失败。

虽然合成绝缘子有良好的抗灼烧能力，但工频电弧仍会破坏合成绝缘子。经灼烧后硅橡胶材料成分会产生变化，一些容易分解的物质受热后会挥发，致使绝缘子的憎水性和抗污性降低。在以后的运行过程中，灼烧部分很有可能会出现老化脱落情况，严重影响线路运行的安全。

综合以上分析可以看出，合成绝缘子虽然可以提升线路重合闸成功的概率，但不能根本性解决线路防雷问题。因此，要使用其他防护措施对其进行补充。

接地防雷

接触网的防雷接地应充分利用铁路的综合接地，《高速铁路设计规范（试行）》规定：牵引网中的防雷接地装置在贯通地线上的接入点与其他设备在贯通地线的接入点间距不应小于 15 m。可见，牵引供电系统的防雷接地与铁路工程的综合接地系统间有着密不可分的关系。

防雷设备的接地装置是用来向大地引泻雷电流的。接地装置的效果和作用可以用它的冲击接地电阻值来代表。冲击接地电阻是在冲击电流或雷电流沿着接地线入地时呈现的电阻，是接地装置对地电位的峰值与入地电流的比值，是一个瞬间值。冲击接地电阻无法在现场进行测试，一般使用工频接地电阻来规定杆塔的接地电阻。

降低接地电阻可以有效地提高线路的耐雷水平，当接触网的支柱形式、尺寸与绝缘子形式和数量确定后，影响接触网反击耐雷水平的主要因素则是杆塔接地电阻的电阻值。当分别取接地电阻值为 7 Ω、15 Ω、30 Ω、50 Ω 时，耐雷水平见表 3.3。

表中相对危险系数是指在该接地电阻条件下的耐雷水平概率与 7 Ω 接地电阻时的耐雷水平概率之比。

表 3.3　不同接地电阻时的耐雷水平

接地电阻（Ω）	7	15	30	50
耐雷水平（kV）	43.37	26.4	15.2	9.73
耐雷水平概率（P1%）	32.1	50.1	67.2	77.5
相对危险系数	1	1.56	2.09	2.41

缩短接地间距，增加接地数量可以提高接触网耐雷水平，按常规做法接触网采用钢筋混凝土支柱不做接地极，回流线每隔 1～2 km 与钢轨扼流线圈中性点联结。在接地电阻值为 10 Ω，接触网钢柱采用 30 Ω 的接地装置的情况下，其耐雷水平为 23.2 kV。如果接地电阻值为 10 Ω 不变，将接地间距缩短，耐雷水平见表 3.4。

表 3.4　接地间距不同时的耐雷水平

接地间距（m）	60	120	240	480	1 000
耐雷水平（kV）	31.5	27.2	24.9	23.85	23.2
耐雷水平概率（P1%）	43.9	49.1	52.1	53.6	54.5
相对危险因数	1	1.1	1.18	1.22	1.24

六、接触网的接地

1. 接地分类

接触网的接地按其作用可分为工作接地和保护接地。

工作接地是出于设备运行的需要而进行的接地。其中，接触网支柱宜利用回流线和保护线作为闪络保护地线的集中接地方式。当成排支柱不悬挂回流线和保护线时，可增设架空地线实现集中接地。零散的接触网支柱宜单独设接地极接地（有信号轨道电路区段），或通过接地线直接接钢轨（无信号轨道电路区段）。与回流线或保护线连接的吸上线在有信号轨道电路区段可直接接扼流变压器线圈中性点，在无信号轨道电路区段

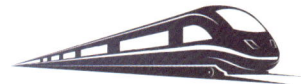

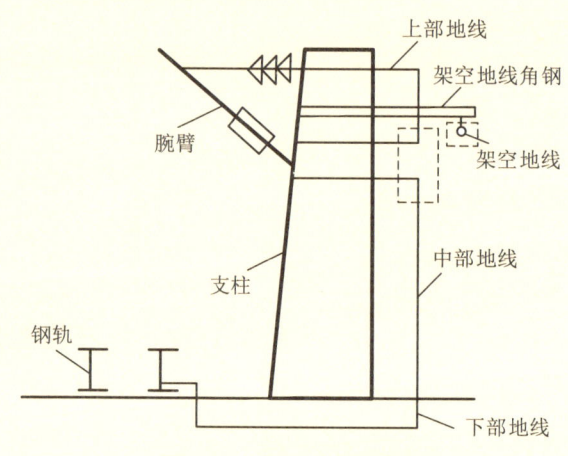

图 3.31 支柱地线安装图

也需要通过接扼流变压器线圈中性点后接钢轨。设有综合接地系统的高速铁路，回流线或保护线可采用非绝缘架设。

保护接地是指电力设备的金属外壳、钢柱及混凝土支柱等，由于绝缘损坏有可能带电，为了防止这种电压危及人身安全而设的接地，如接触网支柱的接地等。接地原则有：对于距离接触网带电体 5 m 以内的金属结构物都需要进行安全接地，可单独设接地极或纳入综合接地系统。开关、避雷器、吸流变压器等设备的底座应单独设接地极。接触网钢柱可通过架空地线或单独设接地极。架空地线下锚处及长度超过 1 000 m 的锚段中间应单独设接地极。对于避雷器等设备双接地的情况，一端要接入回流线或保护线，另一端要接入接地极。当独立供电线支柱成排出现时，一些支柱要设置专门的接地。

2. 接地装置

接地装置由接地体和接地线两部分构成。埋入地中并直接与大地接触的金属物体，称为接地体或接地极；而由若干接地体在大地中相互连接而构成的总体，称为接地网；连接接触网设备、支柱、支持结构的接地螺栓与接地体的金属导线，称为接地线。

接触网设备及其临近物接地装置的接地电阻值不应大于表 3.5 所规定的数值。

表 3.5　接触网设备及其临近物接地装置的接地电阻值

类　　别	接地电阻值（Ω）
开关、避雷器、吸流变压器 架空地线	10
零散的接触网支柱 距接触网带电体 5m 以内的金属结构	30
避雷线	10

接地体通常采用直径 50 mm、长 2～2.5 m 的钢管，或采用截面为 50 mm×50 mm×5 m、长 2.5 m 的角钢，端部削尖，打入地中。接地线一般采用圆钢，埋入地下的接地线直径应不小于 12 mm，露出地面的接地线直径应不小于 10 mm。接地线按其布置方式又可分为外引式和环路式两种。外引式是将接地体引出户外某处集中埋于地下，环路式则是将接地体围绕电气设备或建筑物四周打入地中。接地体上端应露出沟底 100～200 mm，以便于接地线可靠焊接。

远离铁路线路的供电线、捷接线等，如不能利用钢轨作为自然接地体，应按照规定设置人工接地装置。所有接地装置的接地线均应有可靠的电气连接。

3. 综合接地

随着高速铁路的快速发展，采用的电子设备增多，接地装置的数量和种类也大大增加。如果单设地线，会严重影响线路的稳定性，并且各独立接地体的电位差也会对电气设备造成伤害，所以高速铁路逐渐将接触网接地纳入综合接地系统。

综合接地系统是将铁路沿线的牵引供电回流系统、电力供电系统、信号系统、通信及其电子信息系统、控制系统、铁路护栏、声屏障、隧道桥梁的金属结构、建筑物基础等众多需要接地的设备和系统，通过贯通地线连成一体的接地系统，用于解决各设备和系统之间的电势差问题，可有效降低钢轨电位，

保证人身、设备安全。

对于接入安全接地系统的金属体，在任何情况下接触电压都应符合表 3.6 的要求。

表 3.6　接触网设备及其临近物接地装置的接地电阻值

系统运行状态	接触电压允许值（V）	轨道电位（V）
正常运行状态下（$t > 300$ s）	60	120
正常运行状态下（$t = 300$ s）	65	130
故障状态下（$t = 100$ ms）	785	1 684

根据上述接触电压控制原则，一般由供电计算确定支柱是否全部直接纳入综合接地系统，上、下行保护线是否需要并联以及并联的间隔距离是多少，然后由接触网专业负责实施。通过考虑各类电气设备的安全接地和工作接地，钢轨和保护线每隔约 1 km 与综合接地线相连接，能有效减少不同系统之间由于接地网问题而引起的干扰。

路基区段接触网支柱基础均直接纳入综合接地系统时，一般是利用综合地线在每个支柱基础处预留的接地端子与支柱预留孔连接。

桥梁区段贯通地线铺设在两侧的通信信号电缆槽内，接地极充分利用桥墩基础设置。接触网基础为桥梁预留基础，预留上下两块定位钢板；接触网预留基础锚栓与下部预留定位钢板焊接后，与桥梁梁体内的纵向接地钢筋连接，接入综合接地系统。

隧道地段需要纳入综合接地范围的设施有：所有接触网钢结构，如吊柱、下锚底座、锚臂、支架等隧道内钢筋结构。接触网基础采用预留槽道方式时，隧道施工需直接将槽道与二次衬砌内的环向或纵向接地钢筋焊接，纳入综合接地系统。接触网基础采用后植锚栓时，隧道施工应预留接地端子，此接地端子与二次衬砌的环向或纵向接地钢筋焊接，纳入综合接地系统；站后施工时将吊柱与此接地端子连接，纳入综合接地系统。

当正线为无砟轨道区段或线间有客车上水设施等金属物时，在线间敷设一根热浸镀锌扁钢，将线间接触网基础的接地端子等电位连接，无砟轨道板及相关金属设施的接地均可就近与扁钢连接。

七、"不离不弃"的弓网系统

接触网与受电弓合称弓网系统，弓网系统是牵引供电系统中的固定/移动设备结合点。通俗点说，列车运行过程中，牵引系统从变电所一直到接触网都是静止的，而从受电弓部分开始，整个高速列车都是运动的。

弓网系统是电动车组从牵引供电系统获取电能的直接环节。无论列车处于何种运行状态，只要它和牵引供电系统之间有电能传输，受电弓和接触线之间就必须要做到"不离不弃"，而两者间接触状态的良好程度，则直接影响到列车的

图 3.32 弓网系统局部图

受流质量。所以研究弓网关系，其实就是研究弓网间的接触特性。

随着列车速度的提高，维持弓网间的良好接触性能愈加困难，受流质量也愈加难以保证；当列车速度超过受流系统的允许范围时，受流质量将更加恶化，严重影响列车取流和正常运行。在高速条件下，受流系统的性能与常规电气化铁路的受流质量是不同的，系统所需解决的问题也不尽相同，高速受流技术是高速铁路的关键技术之一。

1. 弓网结构的特点

弓网系统的两个主要部分就是接触网和受电弓。接触网因为要满足高速受流的要求，所以应具备以下基本条件。

接触网设备本身应具有很高的运行安全性和可靠性，主要设备和零部件的使用材料应选用强度高、耐腐蚀、电气性能好的材料，在制造和结构设计方面应做到设计合理、制造精良，以确保设备和零件的使用寿命。接触网跨距间的弹性应保持一致，不同温度时，跨内各点接触导线离钢轨水平面的高度变化应较小。同时，接触网应具有较高的可靠性和较长的使用寿命，对于它的维修，应采用状态维修，以减少因维修给高速铁路带来的干扰。

受电弓和接触网是一对相互作用的振动系统，要获得良好的受流性能，必须要有性能好的受电弓来匹配接触网。受电弓作为一个弹性机构，通过自身结构与接触线保持一定的压力，在运行过程中，它的振动变得非常复杂（还受到空气动态力的作用）。综合分析世界各地高速铁路使用的受电弓，它们都具有如下的基本特点：静态抬升力差较小；归算质量较小；跟随特性良好；横向刚度大；具有良好的气体动力外形和气体调整装置，以改善受电弓的气动力稳定性，保证弓头位置稳定；滑板材料与接触线摩擦性能相匹配；具有紧急降弓控制系统，当接触网损坏受电弓滑板时，受电弓自动快速降弓。

受电弓本身是金属的，但它与接触线直接接触的部分是碳材质的受流滑板。接触网是一个复杂的机构，一条接触线往往很长，若某一小段出现损伤，更换起来非常困难。而受电弓随车运动，不用像接触线那样翻山越岭随铁路固定，若出现受电弓滑板损伤，更换起来很方便。因此弓网系统采用的设计思路：保证接触线材料比滑板材料耐磨，即采用合金接触线+碳材料滑板的模式，一旦弓网系统出现故障，优先考虑的是"保网不保弓"。顺便提一下，接触线的更换周期很长，运行状态好的可以十年甚至二十年才更换一次，而高铁受电弓滑板更换周期差不多是两周甚至更短。

2. 弓网受流系统的基本要求

弓网系统的受流过程是受电弓在接触网下，以动车组速度在运动中完成的，是一个动态过程。这一动态过程包括了多种机械运动形式和电气状态变化：受电弓相对于接触导线的滑动摩擦；受电弓上下振动；受电弓由于动力车横向摆动而形成的横向振动；接触网上下振动，并形成行波沿导线向前传播；受电弓和接触导线之间发生的水平和垂直方向撞击；弓网离线发生电弧，受电弓受流中，电流发生剧烈变化等。由此可见，弓网受流是一个复杂的机械电气耦合过程。

随着列车速度的提高和新技术的采用，受流系统的电流容量、适用速度、安全性能有了相当大的提高。高速铁路的弓网受流系统必须满足以下基本条件。

保证电能传输的可靠性

在高速列车运行的全部接触网区段，必须保证电动车组所需要的工作电压。在高速铁路所有可能的运营条件下，弓网系统的电流负荷能力必须保证高速列车的可靠运行。

高速列车的电流负荷特性较常规电力机车有较大的区别，其特征是脉冲负荷占比大、电流大、持续时间长。由于列车速度快，启动和加速需要电流很大，在弓网高速相对运动中，整个牵引供电系统均要适应高速列车对电压水平和电流负荷的要求。

保证受流系统的运行安全性

受流系统是高速铁路正常运营的保证。高速受流系统的安全性主要有：接触网的几何参数（拉出值、导线高度、定位器坡度）能保证受电弓滑板沿接触网安全地滑动；接触网的性能参数（硬点、弹性、绝缘器和线岔的平滑性）能保证不损坏受电弓的滑板乃至弓头；受电弓的自身性能（抗冲击性、耐磨性、横向刚度）满足需求；弓网匹配性能良好。

受流系统的安全性能涉及的方面很多，是接触网设计、施工、运营维护首先要考虑的因素。

保证良好的受流质量

受流系统的理想运行状态是弓网可靠接触，动车组不间断地从接触网上获得电能。良好的运行状态要求无离线、少火花。实际线路中，离线率要尽量小，系统具有动态稳定性。

保证合理的系统使用寿命

受流系统中，涉及使用寿命的两个主要因素是：接触导线的使用寿命和受电弓滑板的使用寿命。其寿命取决于它们之间的磨耗，磨耗量在一定速度和传递功率条件下，由弓网接触力的大小、保持接触力均匀的程度等因素决定。通过控制接触力的标准偏差，可以减少接触导线的局部磨耗。接触导线和受电弓滑板在材质上应具有一定的耐磨性能。另外，接触导线应具有抗电化学腐蚀性能。

减少对周围环境的影响

受流过程中产生的电弧会产生电磁干扰和噪声，应采取措施减少对周围环境的影响。

3. 接触网波动的评价

弓网受流过程中，接触网在受电弓的作用下产生受迫振动，研究该受迫振动的传播形式时，需要考虑到接触网系统的张力、线密度、当量阻尼、吊弦分布、集中质量、坡度、预弛度等因素的影响，因而引入波动传播速度、反射系数、多普勒系数、放大系数等系列评价指标。

波动传播速度

接触线波动传播速度是指上下振动的振动波沿接触线方向传播的速度，它的大小主要取决于接触线补偿张力和单位质量。具体地说，接触线波动传播速度大小的平方与接触线张力成正比，与接触线单位质量成反比。

一般而言，设计最高行车速度与接触线波动传播速度之比不应大于 0.7，此时运行较佳。若运行速度达到或接近波动速度时，受电弓的离线率将显著提高，受流质量严重恶化。因此，要保证高速接触网的稳定受流，必须提高接触线的波动速度，也就是说波动速度是控制最高运行速度的重要条件之一。反过来也可以说，若想提高列车的运行速度，必须相应地改变接触悬挂的综合张力和单位长度质量，即采用轻型和具有高抗拉强度的线材。

反射系数

振动波在接触网中传播时遇到集中质量（如吊弦、电连接、定位线夹、分段绝缘器等）将被反射，反射系数越小，表明接触悬挂的耦合性能越好，其波动传播速度将大为提高。反射系数的大小由接触线和承力索的张力及单位质量决定：接触线张力与单位长度质量的乘积越大，反射系数越小；承力索张力与单位长度质量的乘积越大，反射系数越大。

多普勒系数

多普勒系数是一个表示行车速度和波动传播速度相互关联程度的重要参数。在反射干扰源的作用下，受电弓运动受到反射波的干扰而形成非常复杂的振动状态，这种相互影响、制约及其相互作用的关系被称为多普勒效应，用多普勒系数表示，其大小等于接触线波动传播速度与最高行车速度之差和两者之和的比值。

放大系数

受电弓在经过定位点及吊弦点时，还会周期性地激发接触线的振动，这种被激发的振动波在传播和反射时会被增强放

大。放大系数又叫做增强因数，其大小等于反射系数与多普勒系数的比值。

放大系数、反射系数及多普勒系数三项因素，影响较大的为放大系数，减小放大系数对改善受流质量是有利的。减小放大系数的途径是减小反射系数，即采用增大接触线张力、减小承力索张力的方法。

固有频率

接触网悬挂系统是一个多自由度的振动系统，系统存在大量的固有频率。对于相等跨距组成的悬挂系统，存在反对称与对称的振动方式。反对称振动方式下，振动频率由接触线和承力索的张力、单位质量以及接触悬挂的跨距决定。具体来说，它的平方与接触线、承力索张力之和成正比，与接触线、承力索的单位质量之和成反比，与接触悬挂的跨距成反比。对称振动方式下，振动频率除由上述因素决定外，还与靠近支撑点吊弦之间的距离有关。

4. 弓网受流质量的评价

列车在运行过程中，受电弓与接触导线必须始终保持紧密接触，而弓网系统的受流质量与弓网匹配性能有很大的关系，常通过以下指标评价。

离线率

受电弓与接触导线脱离而失去接触的现象称作离线。由于高速列车运行中，受电弓的取流很大，弓网离线时产生电弧，会加快受电弓滑板和接触线的磨耗，引起电磁干扰，同时还伴随着噪声污染。离线发生的次数越多，时间越长，表明受流质量越差。所以，一般用离线率来评价列车受流质量的好坏。离线率用离线时间占列车区间运行时间的百分比来表示。

我国高速线路的离线率达 5% 以下，采用仿真计算离线率评估时，不应大于 1%。京津城际铁路要求离线率低于 0.14%，离线时间小于 100 ms。因为接触导线的波动传播速度和列车的速度越接近就越容易发生离线，所以若要降低离线率，可以提高接触导线的波动传播速度，使其尽可能大于列车最高行车速度。具体可以通过增大接触导线的张力或降低单位长度接触导线的质量来实现。经验表明，列车最高行车速度与波动传播速度的比值在 0.6～0.7 之间时，受流质量良好。对于达到 350 km/h 的列车，接触网的波动传播速度取 500～600 km/h 为宜。

弓网动态接触压力

弓网系统的良好受流，需要保持一定的接触压力，接触压力变化幅度越小、变化率越低，则动态受流质量越高。接触压力过大时，加快受电弓滑板和接触导线的磨耗，容易增加接触导线金属疲劳，缩短使用寿命。接触压力过小，则易造成接触不良，发生离线，甚至引起电弧，烧坏受电弓和滑板。因此，接触压力需要综合考虑，合理选用。

接触压力在受电弓运行过程中是不断变化的，用于描述弓网间接触程度和状态，其标准见表 3.7。

表 3.7 接触压力标准表

速度（km/h）	250	300	350
平均接触压力（N）	≤ 130	≤ 150	≤ 180
最大接触压力（N）	≤ 250	≤ 250	≤ 350
最小接触压力（N）	> 0	> 0	> 0

接触导线抬升量

在忽略空气动力作用下的初始接触网系统中，接触线由受电弓静态抬升力引起的位移称为接触线的静态抬升量，当接触网弹性、静态抬升力发生变化时，静态抬升量也会变化。随着列车速度的增加，接触线的抬升量就变成动态抬升量，其大小在一般情况下随着速度增加而明显增加，通常所说的抬升量就是指接触网的动态抬升量。一般采用抬升量的最大值、最小值和平均值来衡量受流质量。

受流系统中,受电弓和接触导线的运动振幅越小,受流质量越好。一个好的受流系统,受电弓的振幅应均匀。振幅过大时,影响弓网的跟随性,造成离线率增大;还会使受电弓弓头撞击定位器的尾部,造成弓网事故,使接触导线所受的弯曲应力增大,影响接触导线的疲劳寿命。对高速铁路,接触导线的最大抬升量一般不应小于 150 mm。

接触悬挂的弹性系数

接触悬挂作为一个柔性系统,可用弹性系数来描述,它等于抬升量与抬升力的比值。然而弹性系数仅表示一个点的弹性性能,对一个跨距或一个锚段而言,一般用弹性不均匀度来描述,它等于指定跨距内弹性系数的最大值与最小值之差和两者之和的比值。

为减小弹性不均匀度或弹性差异系数,应尽量减少跨中的弹性或增加悬挂点处的弹性,行之有效的方法有加大接触导线的张力、减少集中质量,通过辅助吊索改善悬挂点的弹性,在悬挂点附近设置阻尼吊弦等。

5. 改善弓网特性的一些措施

适当加大接触网跨距

在结构高度相同的情况下,跨距越大,接触网固有频率就越小。这是因为跨距大,其接触悬挂的静态刚度就小,从而导致接触网固有频率小。随着跨距的增加,接触网支柱间的间距也随之增大,接触压力的最大值减小、最小值变大,接触压力不均匀系数变小,从而可以减缓跨中和支柱处接触网弹性的不均匀度。这种结果说明适当加大接触网跨距,弓网间的动态特性要好一些。

适当提高接触悬挂张力

接触悬挂基频随接触网张力的增加而增大,其变化幅度呈非线性。另外,接触线、承力索的张力对基频的影响是不同的,承力索较大,接触线较小。提高接触线张力是一种调整接触网,使之能够适应较高速度的有力措施,对提高接触网的稳定性和改善弓网动态关系具有良好的效果。

选择合适的结构高度

在跨距不变的情况下，结构高度越大，接触网固有频率就越小。这是因为结构高度越大，吊弦就越长，由材料力学的知识可知吊弦的刚度就越小，导致接触网固有频率偏低。

合理选择受电弓静态抬升力

接触线抬升量和接触压力以跨距为周期呈一定的周期性，抬升量和接触压力在定位器和吊弦处出现明显变化，并且在受电弓到达定位器之前出现接触压力的峰值，而接触线抬升量的峰值基本出现在跨中。这是因为接触网在定位器和线夹处不仅有集中质量，而且在这些地方接触网弹性刚度较大，从而导致接触压力和接触线抬升量在受电弓通过时出现极值。另外，由于接触网在跨中弹性刚度小，当受电弓运行至此时，在抬升力的作用下受电弓的位移逐渐增大，而当接近定位点时，接触网刚度增大，迫使受电弓向下运动，在通过定位器后，接触网刚度又减小，此时的受电弓由于弓头的惯性作用将继续向下运动，因而接触压力出现最小值。在接触条件不变的情况下，接触压力随列车运行速度的提高而变化加剧，受流质量随速度的提高而下降。

静态抬升力的选取对弓网受流的稳定性影响是很大的。随着受电弓静态抬升力的增大，接触压力的最大值、最小值、平均值、均方根值都增大，而接触压力不均匀系数则减小，可见适当增加受电弓的静态抬升力是有助于受流的。但是，静态抬升力太大，会加速弓网间磨耗，使受电弓滑板和接触导线的寿命缩短；静态抬升力太小，弓网间动态接触压力减小，接触压力不均匀系数增大，受流也会不稳定，导致频繁离线，产生电弧，使受流质量变差。所以，要合理选择受电弓静态抬升力。

适当减小接触线的线密度

随着接触线线密度的增大，接触压力的最大值、均方根

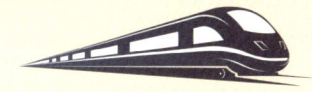

值和变化幅值均增大,最小值减小,不均匀系数随接触线线密度的增加而增大。可见,减小接触线线密度是有利于受流的。

【知识链接】腕臂分类

腕臂按其与支柱连接形式分为绝缘腕臂和非绝缘腕臂两类;按腕臂结构可分为带拉杆的水平腕臂、带斜撑的平腕臂、带拉杆(或压管)的斜腕臂等;按在支柱上的固定方法可分为固定腕臂、半固定(或半旋转)腕臂、旋转腕臂等;按腕臂跨越的股道数可分为单线路腕臂、多线路腕臂等。

【知识链接】弓网电弧

2007年4月,法国TGV高速列车在试验运行过程中发现,当高速列车运行速度达到200 km/h时,弓网电弧时有发生;当列车速度达到300 km/h时,弓网电弧频繁发生,弓网之间的振动跳动更加剧烈。弓网电弧的产生使得接触网导线和受电弓滑板受到来自电弧的高温侵蚀,轻者缩短受电弓滑板、接触网导线寿命,重者烧毁接触网导线或者刮坏受电弓,造成停电、停车事故。由此可见,弓网电弧严重影响高速列车稳定受流。

第四章

养护与检修
——牵引供电系统的健康保障

一、设备检修规程

二、常用检查方法

三、变电所主要设备的养护维修

四、接触网主要设备的养护维修

牵引供电系统的健康是高速铁路安全可靠运行的重要保障，然而在实际运营过程中，引发供电系统故障的因素有很多，一旦发生故障，将会导致重大的损失。因此，平时对牵引供电系统的维护保养工作，就如同人的定期体检一样重要，所谓防患于未然，有备无患。为了做好牵引供电系统的维护保养与检修工作，必须加强管理，不断提高设备的检修质量，不断改善接触网和变电所电气设备的技术状态，保证牵引供电系统安全且不间断地向电动车组提供良好的电能。

牵引供电系统的运行维修坚持"预防为主、重检慎修"的方针，按照"定期检测、状态维修、寿命管理"的原则，遵循专业化、机械化、集约化维修方式，依靠铁路供电安全检测监测系统（6C系统）等手段，建立信息资源共享平台，实行"运行、检测、维修"分开和集中修组织模式，确保牵引供电系统的运行品质和安全可靠。

一、设备检修规程

1. 设备的检修模式

按照检修的性质，目前设备的检修模式可以归纳为三大类：定期检修、状态检修与故障检修。

定期检修（time-based maintenance，TBM）

定期检修以时间间隔为基准。若装备到了预先规定的时间，不管其技术状态如何，都要进行规定的检修工作，这是一种强制性的预防性检修。定期检修的关键是如何确定检修周期。正确的检修时机应该是偶然故障期的结束点，即在进入损耗期、故障率急剧上升之前。定期检修方式的优点是容易掌握检修时间，便于安排检修计划，检修组织管理工作也比较简单、明确。缺点是其只适用于已知寿命分布规律并且具有损耗故障期的设备，这种设备的故障与使用时间有明确的关系。而对于那些没有损耗故障期的复杂设备则不适用。

状态检修（condition-based maintenance，CBM）

状态检修是按照设备实际技术状况来确定检修时间。它不对设备规定检修期限，不固定拆卸、分解范围，而是在检查、检测、监控其技术状态的基础上确定设备的最佳检修时间。这种检修方式是靠不断定量分析、监测设备的某些参数和状态数据来确定检修时间和项目。状态检修适用于故障初期有明显劣化征兆，且劣化现象发展缓慢的设备，同时故障还直接危及安全或易引起重大经济损失，并有适当的检测手段能制定出技术状态标准的情况。它的优点是针对性强，可以充分发挥设备的工作寿命，提高检修的有效性，减少检修工作量和人为差错。但状态检修也有缺点：这种维修方式费用高，需要适当的检测、诊断条件和较高的人员素质，因此适用于贵重的关键设备和危及安全的关键机件。

故障检修（breakdown maintenance，BM）

故障检修又称事后维修,是指设备发生故障后,使其恢复到规定状态所进行的维修活动。装备发生故障后的修理按照是否修理及时,可分为及时修理和延迟修理。对于那些不影响安全和生产任务的故障设备可继续使用,但要严加监控,延迟修理。

在检修实践中,如何选择检修方式是十分重要的。选择检修方式应该从故障后果,即装备发生故障后对安全和经济性的影响来考虑。由上述三种维修方式的特点可以看出,定期检修和状态检修属于预防性检修,而故障检修则是非预防性检修。定期检修是按时间标准进行检修,状态检修是按实际状况标准进行检修,而故障检修不控制检修时间。

三种检修方式又各有特点,各有其适用范围。从这个意义上讲,它们并没有先进落后之分,关键在于根据具体情况,正确地选择检修方式。选择维修方式的步骤,一般是要先确定复杂装备中哪些零部件是重要功能产品,其发生故障是否会对设备造成严重后果。在选择分析时,只分析这些重要功能的零部件,而没有必要对所有零部件进行逐一分析。然后对这些重要功能零部件适用于哪种维修方式进行分析和逻辑判断,根据它们的功能、条件、故障的可能形式等来进行选择,最终确定是采用定期检修、状态检修还是故障检修。

在现代复杂技术设备的检修中,往往这三种检修方式并存,互相配合使用,以使各个设备达到最大的可靠性。

2. 变电所设备的修程修制及抢修机制

修程修制

电气设备的定期检修分小修、中修和大修3种修程(部分设备只有小修和大修)。小修:属维持性修理,即对设备进行检查、清扫、调整和涂油,更换或整修磨损到限的零部件,保持设备正常的技术状态。中修:属恢复性修理,即除小修的全部项目外,还需部分解体检修,恢复设备的电气和机械性能。大修:属彻底性修理,即对设备进行全部解体检修,更换不符合标准的零部件，对外壳进行除锈涂漆，恢复设备的原有性能，必要时进行技术改造，提高设备的电气性能和机械性能。

变电所的大部分设备，如变压器、互感器、开关设备、远动装置、保护及自动装置等，小修周期都是1年；避雷针和避雷器要在每年雷雨季节前进行一次小修。变压器、互感器的中修周期为5～10年；隔离开关、负荷开关、远动装置等设备的中修周期为3～5年。变压器、互感器、开关设备、避雷针避雷器的大修周期为15～20年；接地装置、远动装置、保护及自动装置、油断路器、气体断路器的大修周期一般为10～15年。

在日常掌握中，小修、中修的实际周期可以在规定的基础上伸缩10%。鉴于各地区的设备性能及运行条件不尽相同，我国采用的方式是，结合实际情况，经过调查研究、技术鉴定，适当调整小修、中修和大修周期和范围，并同时报部核备。

电气设备的停电检修应尽量利用"天窗"时间进行；若"天窗"时间不够，供电段应按时提出月份停电计划。行车调度和供电调度要密切配合，保证批准的停电计划按时兑现。

抢修机制

牵引变电设备发生故障后，本着"先送电后修复"的原则，优先投入备用回路、设备，必要时采取越区供电等措施，以最快速度保证先行供电，尽量缩短停电时间，随后尽快安排维修点处理，恢复设备正常技术状态。

发生故障后要按"一事一分析"的原则，在故障抢修结束后12小时内进行分析，查找在组织准备、故障查找、方案制定、抢修作业、安全措施执行、信息反馈、人员素质、设备质量、主客观因素等环节存在的问题，形成分析报告，经审核签认后，24小时内报调度中心和铁路局供电处或供电段。

对于有备用回路的牵引变电所（开闭所），当设备发生故障时，值守人员应及时与路局调度联系，及时切除故障设备，投入备用回路或设备，以防故障扩大。随后对故障设备进行全

面外观检查，初步分析判断故障位置及故障产生原因，并向维管段供电调度报告。待检修车间进行有关检查和试验之后，决定处理意见。

当牵引变电所（开闭所）设备发生故障且无法投入备用回路、设备，致使不能向接触网正常供电时，应及时与路局供电调度联系，由两相邻牵引变电所经分区所向无电区间越区供电，但应将保护定值切换至越区运行方式下的定值，并加强与路局供电调度的联系，适当限制列车运行速度和加大追踪运行间隔。

3. 接触网设备的修程修制及抢修机制

修程修制

接触网的维修大体上分为一级修（临时修）和二级修（综合修）两个等级。一级修是为了使设备状态保持在限界值以内，对导致接触网功能障碍的缺陷与故障立即投入无事先计划的临时性维修。主要包括一级缺陷的临时性修理、危及接触网供电的周边环境因素处理、导致接触网功能障碍的故障修复（必要时采取降弓、限速、封锁等处置措施）。二级修是为了使设备状态保持在警示值以内，对定期检测发现的缺陷进行有组织、有计划的维修，以及设备全面维护保养，主要包括二级缺陷集中修理和设备全面维护保养（必要的防腐和注油等）。二级修可结合全面检查进行，或根据缺陷情况有计划地安排。

接触网整体设备寿命周期一般为 20～25 年。鉴于各条线、各地区接触网设备性能和运行条件不同，各铁路局应根据线路运行速度、运行环境等实际情况，组织质量状态评估，达到质量要求的，可适当延长接触网设备的寿命周期。运行年限达到寿命周期且评估后不能满足质量要求，或供电能力、供电质量不能满足运能运量及线路等级要求时，要对接触网整体设备进行更换。一般情况下零部件（包括附加导线的金具）应随设备本体同时更新，特殊情况的零部件、支柱、吊柱等，经铁路局组织鉴定确认残余使用寿命期后可以不更换。

抢修机制

高速铁路接触网故障抢修要遵循"先行供电""先通后复"和"先通一线"的基本原则，以最快的速度满足滞留列车供电条件，尽快疏通线路并尽早恢复设备正常的技术状态。为保证快速抢通，在确保安全的前提下，允许接触网降低技术条件临时恢复供电开通运行。

牵引供电运行各级管理部门应按照"细分供电单元，缩小供电范围，准确判断故障，压缩故障停时"的要求，合理抢修布局，强化抢修设施配套，完善抢修预案，实现快速响应、高效抢修。

接触网抢修基地应针对高速铁路设备特点，配备先进装备、机具和充足的材料。在供电段生产调度指挥场所设置实时的远动（SCADA）和综合视频复视系统。积极推广和应用集设备运行、技术资料、信息传递、抢修预案等功能于一体的接触网抢修辅助决策系统，提高接触网故障应急抢修工作效率与管理水平。

在高铁车站（含动车段、所）站房内应设立接触网应急值守点。值守点应具有不少于 30 m² 单独的值守和工具材料房间，满足值守抢修条件。特殊情况时，可在重点区段增设临时应急值守点。在冰雪、大雾、雷雨、台风等恶劣天气时，应急值守点人员、车辆等相应加强。牵引供电运行各级管理部门应备有管辖范围的供电分段示意图、接触网平面图和安装图，"一杆一档"设备档案，抢修交通路线系统等资料。

接触网发生断线、弓网故障或故障停电时间可能超过 30 分钟的接触网抢修，抢修领导小组成员应及时到达调度台或现场协调组织抢修，供电段负责人应及时赶赴现场组织抢修。

二、常用检查方法

1. 变电所设备的检查方法

对变电所设备进行检查时，为了判断其是否正常，会使用

各种仪器仪表。对于有些运行中的设备,工作人员不方便携带各种仪器仪表进行日常检查,此时利用眼、耳、鼻和手等感官就成了主要的检查手段。

目测检查法

所谓目测检查法就是用眼睛来检查看得见的设备部位,通过设备的外观变化来发现异常情况。一般来说,破裂,变形(膨胀、收缩、弯曲),松动,漏油,漏气,污秽,腐蚀,磨损,变色(烧焦、硅胶变色、油变黑),冒烟,接头发热,产生火花,有杂质异物,不正常的动作等外观现象往往反映了设备的异常情况。因此,可通过目测观察做出初步分析判断。可以说,变电所的电气设备几乎均可采用目测法进行外观的巡视检查。所以,目测法是巡视检查中最常用的方法之一。

耳听判断法

虽然变电所的设备相对来说大多都是静止的,但许多设备都会由于交流电的作用产生振动并发出各种声音。这些声音是运行设备所特有的,也可以说是一种表示设备运行状态的特征。如果我们仔细倾听这种声音,并熟练掌握声音特点,就能通过它的高低节奏、音色变化、音量强弱判断设备是否运行正常。为了能更准确地掌握设备发出的声音,有时要借助于器械,如听音棒等。

图 4.1 听音棒

鼻嗅判断法

人类嗅觉所能辨别的气味因人而异,千差万别,但电气设备的绝缘材料过热产生的气味大多数正常人都能嗅到并辨别。

气味是自然而然被感觉到的，如果值班员和其他人员进入变电所检查设备，嗅到设备过热或绝缘材料被烧焦产生的气味时，值班人员应着手进行深入检查，检查是否有冒烟的地方、有无变色的部位，听一听是否有放电的声音等，直到查找出原因为止。嗅气味是对电气设备某些异常和缺陷的比较灵敏的一种辨别方法。

触试检查法

在巡视检查的整个过程中经常会用到手。用手触试检查是判断设备的部分缺陷和故障的一种必需的方法（但用手触试检查带电设备是绝对禁止的）。运行中的变压器、消弧线的中性点接地装置，必须被视为带电设备，在没有可靠的安全措施时，禁止用手触试。对不带电且外壳接地良好的设备及其附件等，检查其温度或温差需要用手触试时，应保持安全距离。对于二次设备（如继电器等）发热、振动等也可用手触试检查。

仪器仪表检测法

目前，检测技术发展较快，测试仪器种类较多，使用这些测试仪器时，应认真阅读说明书，掌握测试要领和安全注意事项。

在电气设备事故中，由于绝缘物受热老化而引起的事故较多。因此，准确地掌握运行中的电气设备各部位的温度变化是非常重要的。设备过热大部分在停电时表现不出来，只有在带电运行时才会出现，况且有些设备发热初期，并不伴随出现变色、变形，也不产生异常声音和气味等。这种情况下，如果只依靠人的感觉来判断设备是否正常是比较困难的。为了尽早尽快地发现设备出现过热情况，应尽可能地使用仪器仪表定期或不定期地测量运行中的设备温度，尤其高温天气、高峰负荷时是测温的重点时期。

常用的测温方法：设备易发热的部位贴测温贴片，黄、绿、红三种颜色变色的临界温度分别为60℃、70℃、80℃；设备上涂示温漆或涂料；使用红外线测温仪测温。

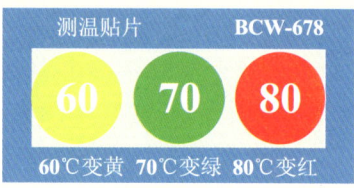

超温前　　　　　　　　超温后

图 4.2　测温贴片超温变色示意图

智能移动巡测机器人

为检测地面供电设备的运行状态及环境状况，在牵引所、AT 所、分区所等相关场景可配置智能移动巡测机器人系统，实时监测所内各种绝缘子、高压电缆头、避雷器、变压器、所内 GIS 设备、控制盘、交直流屏等供电设备运行状态以及环境状况。同时，完成变电所室外、室内及上网电缆的红外温度监测，仪表、液位的图像识别，大数据分析及故障告警等任务，替代人工完成巡测中遇到的繁、难、险和重复性的工作。

智能移动巡测机器人的基本组成：轮式/挂轨式智能移动巡测系统，所内的视频监控系统，上网电缆红外温度监控系统，各种环境监控装置系统，远程控制中心实时监控后台。主要能实现的功能如下。

自主巡测。智能移动巡测机器人按照预设路线，对各巡检点执行巡测任务，包括全面巡检、表计读数、红外测温、注油设备油位读取、开关分合位置辨识等，并实时将巡测结果传输至主控室，同时输出设备运行状态结果。

人工监测。可人工操作智能移动巡测机器人到各指定位置执行任务，并实时将巡测结果传输至主控室，同时输出设备运行状态结果。

红外测温。对各种设备的温度进行检测及结果反馈。

表计识别。对各种表计进行识别、读数判认及结果反馈，包括泄露电流表、放电次数表、电容器组温度表计、开关油压表、主变油温表计、开关 SF_6 压力表、主变油枕油位表计等。

开关位置识别。对室内机柜、空开等开关位置状态进行识别，并实时向后台反馈状态结果。

指示灯状态识别。对室内机柜设备运行指示灯进行状态识别，并实时向后台反馈状态结果。

噪声识别。采集设备音量，并判断是否属于正常状态。

微气象检测。实时获取环境数据，包括温度、湿度、风速及降水等信息。

数据分析。将采集到的各种信息生成报表，并从多个维度进行分析，判断设备运行状况，预测设备性能。

故障报警。当设备温度、表计数值超过极限值，即通过声、光和语音报警。

定位导航。可依靠自然环境进行自主定位和行走。

安全防护。可自主检测，遇到障碍物急停，防止碰撞损坏。

自主充电。可自检电量，当低于电量下限，停止巡检任务、发出报警，同时自主对接充电座进行充电。

本地监控平台。分析并存储所有巡测数据，具备实时监控、巡测计划编排、遥控功能、巡检报表、历史数据等五大子系统。

远程控制平台。可查询各站的任务安排和历史数据，并可对某单站操作执行巡检任务。

系统自检。当遇到以下情况，智能移动巡测机器人将就地指示并上传故障信息：电源电量过低、电压过低、电流过大、电压电流不稳定等异常情况；电机驱动欠压、过流、过温等异常情况；通信阻塞、信号丢失、大量数据错误等异常情况；各传感器出现异常且无法自恢复。

双向语音远程对讲。通过专网完成智能移动巡测机器人与控制室的双向远程语音对讲，帮助指导运维人员的工作。

辅助功能。配置机载供电系统、雨刷器等辅助设备，保证智能移动巡测机器人在全天候（昼、夜、风、雨、雪、雾）的条件下正常工作。

图 4.3　所内巡检机器人

2. 接触网设备的检查方法

接触网的检查分为巡视检查、全面检查、单项设备检查和非常规检查几个大类。

巡视检查是对接触网外观、绝缘部件状态、外部环境及电动车组取流情况进行目视检查,分为步行巡视检查和登乘巡视检查。

全面检查和单项设备检查具有检查、测量和试验等多重职能。针对无法或不易通过静态和动态检测、监测手段掌握设备及零部件运行状态的所有项目,利用天窗在接触网作业车作业平台、车梯或支柱上进行近距离检查,并进行必要的测量和试验等。全面检查是对所有设备进行检查;单项设备检查是对个别设备进行专项检查,并兼有维护保养职能。

非常规检查通常是指在发生异常情况下或根据需要进行的检查。一般用在接触网发生跳闸、故障或在自然灾害(暴风、洪水、火灾、冰凌、极限温度、地震等)出现后,对相应接触网设备的状态变化、损伤损坏情况进行检查。非常规检查的范围和手段根据检查的目的确定。

接触网的检测手段纷繁多样,目前国际上采用直升机搭载激光雷达、红外热成像仪、巡线机器人等方式对输电线路等进行综合巡测，其技术水平和应用水平较为先进。接触网的检测手段大致如下。

激光接触网检测仪检测法

目前，市面上使用的激光接触网检测仪具有结构稳定、精度高、简单便携以及瞄准和测量同轴等特点，可以对接触网线高度、拉出值、轨距和水平等30余个参数进行快速、精确检测，得到了铁路行业的广泛认可。但是，在大规模的应用中，激光接触网检测仪也有一定的局限，例如高速铁路长距离的检测区间上，依靠人工搬运移动，限制了激光接触网检测仪的广泛使用。

巡检车检测法

巡检车的检测系统提供自动化、非接触式、动态、连续的接触线几何测量技术，是一种高速、高效、全覆盖、无遗留的测量手段。

巡检小车主要由人工推行小车、激光测距模块、光栅测角模块、倾角传感器、轨距传感器、光学成像系统、图像自动识别系统、伺服控制系统构成。（见图 4.5）巡检小车利用并结合了先进的光栅测角技术、激光测距技术、图像识别技术、伺服控制技术和微机控制系统，方便地实现了对接触网相关参数的地面巡检。

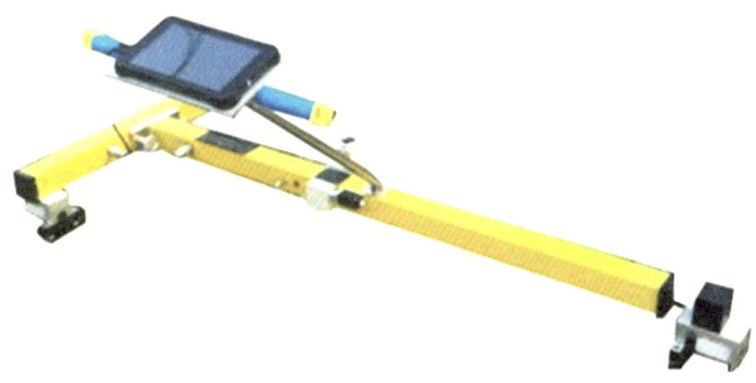

图 4.4　接触网巡检小车

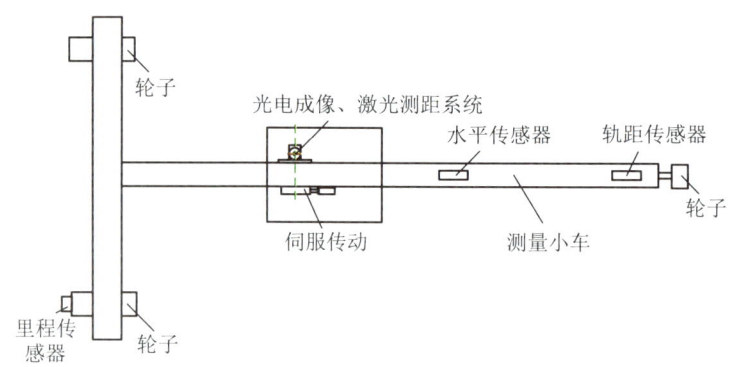

图 4.5　巡检小车结构组成示意图

该测量法是在 2 根钢轨上推行巡检小车行走,通过倾角测量模块和轨距测量模块测量钢轨轨距和超高,实现测量基准的定位。利用图像自动识别系统识别导线,进而利用伺服控制系统转动激光测距和光栅测角系统实时跟踪、瞄准接触线。通过角度和激光测距可以换算出接触线的高度和拉出值这两个较关键的参数值。巡检小车在推行过程中边走边测,具体数据处理流程见图 4.6。

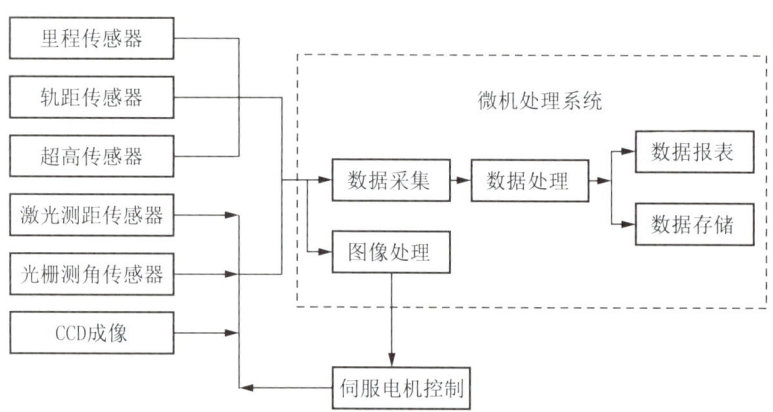

图 4.6　巡检小车数据处理流程

激光雷达检测法

激光雷达法是通过已集成化的激光雷达作为测量设备获得原始测量数据,然后通过以太网传输至计算机处理。经过验证，激光雷达的数据处理量不是非常大，可以在微型计算机系统上运行，测量精度在 10 mm 左右，可以基本保证列车的运行安全。采用激光雷达可作为接触网安全状态在线监测系统测量设备，以非接触测量方式采集接触网几何参数。

国内已有基于小型无人直升机平台的机载激光雷达测量系统，如图 4.7 所示，该系统包括激光扫描数据采集系统、高精度 DGPS/IMU 系统和无人机导航控制系统，实现低空贴地飞行扫描地形，获得高精度的数字高程模型。从我国高铁的发展现状和趋势来看，基于低空飞行平台的小型激光雷达系统更适合中国国情，是未来发展的方向。

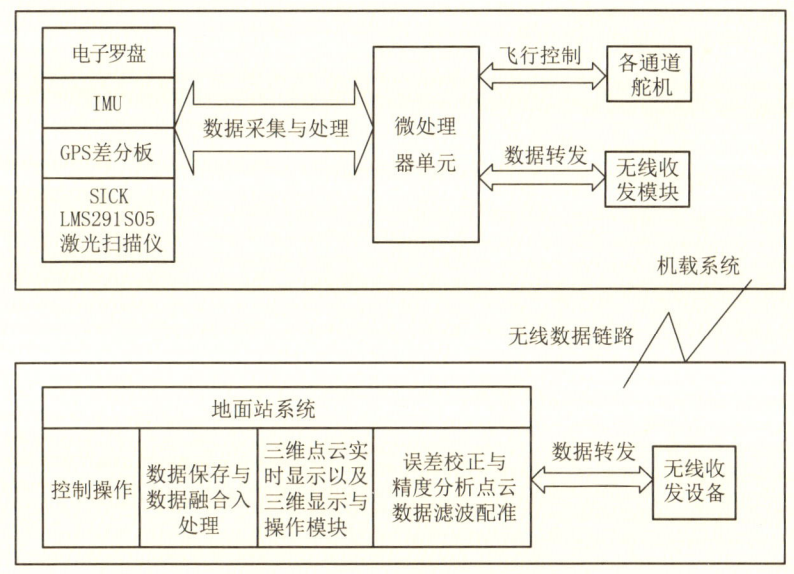

图 4.7 机载激光雷达系统总体框架

红外热成像仪检测法

红外热成像通过接收物体本身发出的热信号，转化成可处理的电信号，通过该电信号可以了解到被测设备的温度信息和视频信息，且整个过程无需依赖任何外部光源。

电力设备不会突然出现故障，故障的出现是一步步慢慢发展的结果。采用红外热成像仪可以及时发现故障隐患，准确

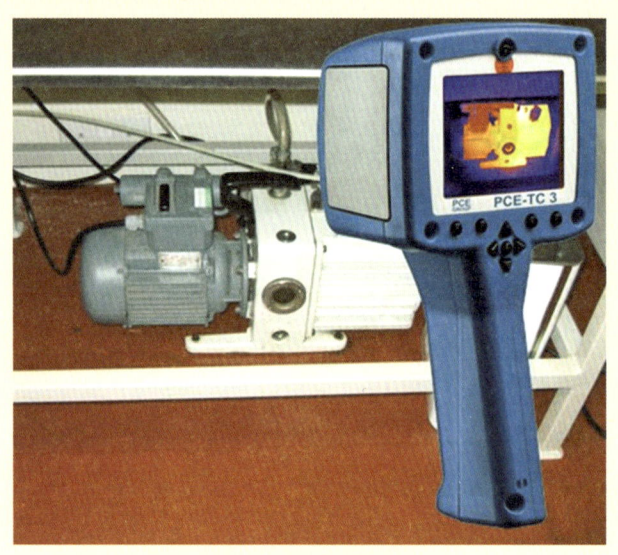

图 4.8 红外热成像仪

定位故障位置，及时做好维修工作。在电力设备中，红外热成像仪可以对变压器、避雷器、电容器、断路器、绝缘子串、电缆、隔离开关等部件进行检测，可以适时地创造条件进行输变电网的检测，几乎涵盖了全部的电力设备。还可以对重要地段的接触网设备采取全天候 24 h 实时监测，当节点温度过高时自动产生报警信号，提醒维护人员及时处理。

由于接触网沿铁轨铺设，且位于铁轨上方，可将线式热成像仪安装在车顶上方，只要选用合适的镜头和合适的安装角度，就可以获得清晰的受电弓和接触网的红外热像，得出接触网设备的工作状态分析报告。由于弓网设备发生的热故障是非突发性的故障，自动分析更符合实际性和可靠性要求，通过控制计算机配合高采集速度的红外热成像仪，保证对指定接触网设备的重要部位进行图像采集和温度数据采集分析。

系统自动记录所测得的温度数据并保存所采集的红外热成像图，采用统一智能识别分析处理模块对所有的数据进行分析比较后，利用设定的判据，确定设备的工作状态。发现故障后，发出报警信号，并可在数据库管理系统的支持下，分析故障设备的劣化状况。

巡线机器人检测法

巡线机器人是一种复杂的机电一体化产品，包括机械系统、运动控制系统、无线传输系统、检测系统及电源系统。巡线机器人辅助人工巡检，促进了巡检的自动化程度，提高了效率，节约了成本。其中机械系统作为机器人功能实现的基本组成，是制约巡线机器人技术发展及实体化的关键技术之一。它主要由行走系统、夹持系统、传动系统及刹车系统组成。

运动控制系统、无线传输系统、检测系统及电源系统归属于电气系统，需实现的功能有：巡线机器人在线平稳运动的功能；无线传输功能，对高空中的巡线机器人进行远程遥控；检测功能，通过摄像头采集到需要的图像信息，经无线传输系统传给地面的工作人员，供后期对图像信息进行分析。机器人可携带红外热成像仪、高清摄像头、噪声传感器、铁磁传感器，辅助人工完成对电力设备红外巡检和变压器噪声检测。

图 4.9　巡线机器人

车载视觉测量检测法

国内外也开展了车载视觉测量方式的研究，即把相机置于检测车、作业车或动车组车顶，对接触网进行拍照来检测接触网参数。

接触网几何参数测量系统由两台高分辨率数字相机、一个大功率发光二极管（light emitting diode，LED）光源、一辆推行车和一台用于控制相机及存储图像的计算机组成，如图4.10 所示。两台相机分别集成在两个可拆卸的快速安装支架

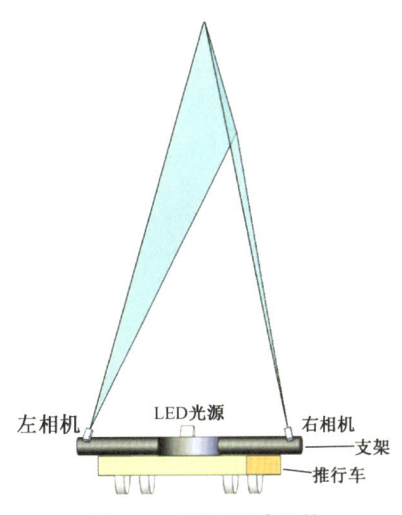

图 4.10　测量系统结构

上，夹角不变且固定，支架与推行车刚性连接。

日间和夜间的照明条件不同，日间在自然光条件下即可通过图像处理进行三维解算，夜间则利用大功率 LED 光源对接触网导线进行照明以形成测量特征。系统测量精度可达到 ±1 mm，重复性精度可达 1 mm，满足测量要求，实现了接触网几何参数的实时、可靠测量。另外，因车载视觉测量不能克服动车组的颠簸、冲击和震动，需安装车体振动补偿装置，故整套系统需要处理大量图像数据，计算量巨大，对计算机性能要求较高。

3．一种综合检测监测系统——6C 系统

高速铁路的快速发展和运营品质的提升，对于铁路牵引供电系统供电设备的安全运行提出了更高的要求。为确保高速铁路的运营秩序，提高供电的安全性、可靠性，应构建高速铁路供电安全检测监测系统（6C 系统）。其目的是对高速铁路的牵引供电系统进行全方位、全覆盖的综合检测监测，包括高速弓网综合检测装置、接触网安全巡检装置、车载接触网运行状态检测装置、接触网悬挂状态检测监测装置、受电弓滑板监测装置及接触网及供电设备地面监测装置。

6C 系统的建设分阶段实施：初期阶段，对已有的分散检测、监测设备进行功能完善、技术集成，形成分层分布式结构，使之成为具有综合处理功能的安全检测与监控平台；近期阶段，对各装置进行数据集中、信息共享，有机融合数字化和可视化的检测信息，指导全线高速铁路供电设备的日常维护和维修；远期阶段，通过各装置的数据库进行综合分析、专家诊断，最终成为具有开放式设计构架、技术先进、功能完善的系统，使其软硬件均达到国际国内标准，并能兼容接入其他智能检测、监测设备，为高速铁路供电设备的安全运行提供技术保障。6C 系统的功能分类见表 4.1。

由于高速铁路供电设备检测系统点多面广，所以监测信息的综合传输和处理便成为 6C 系统的重要内容。要建成"车对

表 4.1　6C 系统的功能分类

6C 系统	主要功能	巡检周期	速度等级
高速弓网综合检测装置（comprehensive pantograph and catenary monitor device，CPCM）	对弓网接触压力、接触线拉出值、接触导线高度、硬点、离线火花等进行综合性检测，并提供检测参数。	10 天	200～350 km/h
接触网安全巡检装置（catenary-checking video monitor device，CCVM）	利用摄像头组成的视频采集器，对接触网状态进行巡检，分析接触悬挂部件技术状态，指导接触网状态维修。	定期	200～350 km/h
车载接触网运行状态检测装置（catenary-checking on-line monitor device，CCVM，CCLM）	在运行的高速列车上安装接触网检测设备，对高铁在运行过程中的接触网状态进行实时检测，实现了全覆盖的动态检测技术。	在线	200～350 km/h
接触网悬挂状态检测监测装置（high-precision catenary-checking monitor device，CCVM，CCHM）	利用计算机进行图像匹配和识别，周期性地对接触网悬挂系统中的零部件的位置和状态进行检测，在此基础上形成维修建议，指导接触网检修，具有故障预防的作用。	定期（天窗内）	100 km/h 或规定速度
受电弓滑板监测装置（pantograph video checking device，CPVM）	在车站和列车出入库区域安装视频采集设备，通过视频图像检测受电弓滑板状态，及时发现受电弓滑板的异常状态，指导故障消缺，确保弓网运行状态良好。	实时	—
接触网及供电设备地面检测装置（ground monitor device for catenary and power supply equipment，CCGM）	在供电设备处和接触网的特殊断面，如定位点、隧道口、线岔口等，安装地面检测装置，检测接触网的振动、压力、抬升量、线温、补偿位移等。	实时	—

网、地对网"的接触网安全运行综合监测监控系统，需建立资源共享的安全监测信息网络平台，建成分散检测、集中报警、网络监测、信息共享的全路弓网运行安全监控系统，为各级供电管理决策部门和作业、维修部门提供电子化安全监测与管理信息服务。

结合供电系统各级职能部门的工作及对数据的要求，采用分级存储、处理、传输的数据管理构架，既能够减少不必要的传输流量，高效使用网络通道，还能够明确职责，实现数据的

有序管理，保证数据的可靠传输，以充分发挥检测监测数据对供电系统设备维护检修的作用。数据分级管理架构如图4.11所示。

系统主要功能由设置在国家铁路总公司（简称铁总公司）、铁路局、供电段的数据处理中心完成。数据处理中心采用高可靠、高扩展、高开放的硬件平台和通道软件平台，完成对管辖范围内所有数据的采集、处理、融合、分析挖掘，指导设备维修管理，保证供电设备安全。铁道部、铁路局的数据处理中心，为整个高速铁路供电安全检测监测系统提供数据处理、信

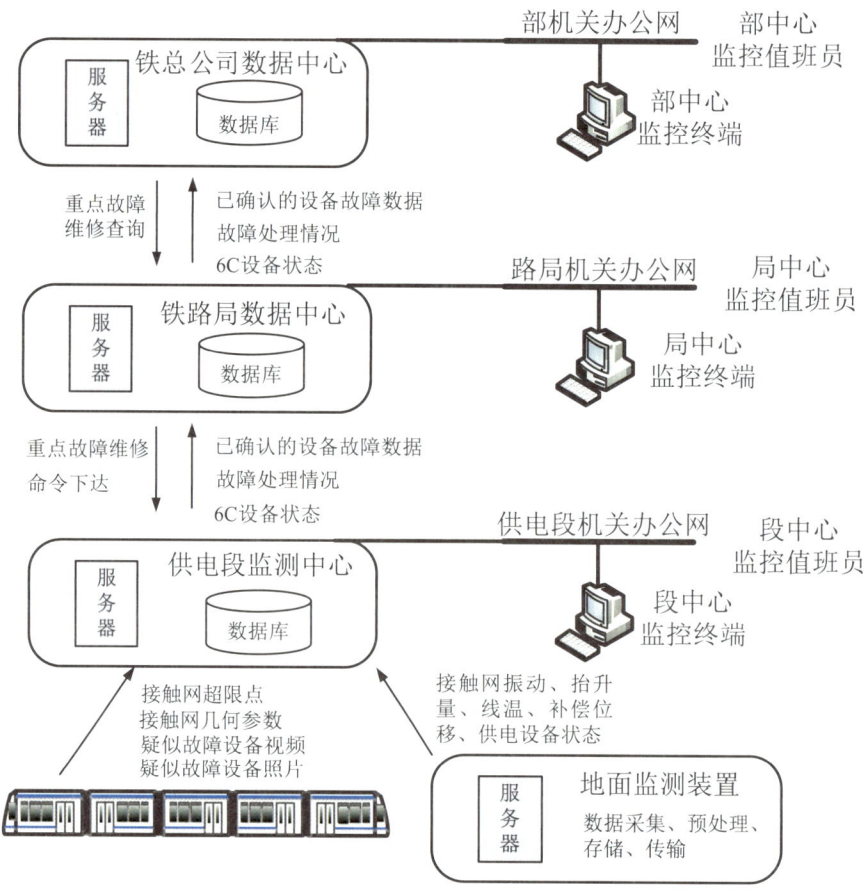

图4.11 6C系统数据分级管理构架

息展示、数据交换的平台，完成对高速铁路供电设备综合检测监测数据的集中存贮和统计、数据融合和挖掘、预测预警以及应急指挥等功能，为调度管理及供电运营维护人员提供维修、抢修的作业依据。6C 系统的各装置均应具备各自的数据处理设备及软件，由设置在供电段的数据处理中心进行处理，将需要上传的数据和图像传输至铁路局和铁道部数据处理中心。

三级数据处理中心根据不同的需求设置相对应的功能模块，如图 4.12 所示。

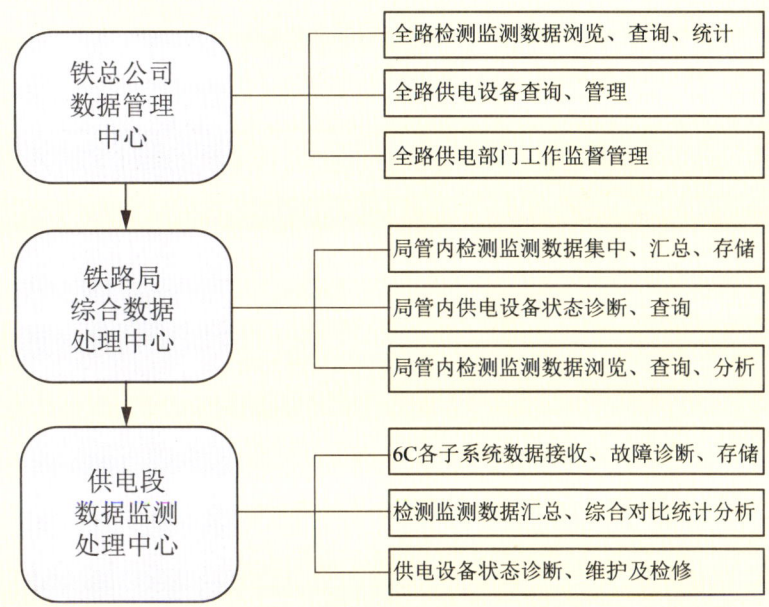

图 4.12　6C 系统数据处理中心功能

网络架构充分利用既有专用网络通道，减少建设成本。数据处理中心之间、数据处理中心与终端之间、各装置与数据处理中心之间采用专用数据网络。移动检测系统与数据处理中心之间采用以人工转储为主、GPRS/GSM-R/3G 等无线通信为辅的传输方式。

高速铁路供电安全检测监测系统各装置采用统一的数据库，便于实现数据共享、综合分析和诊断功能。

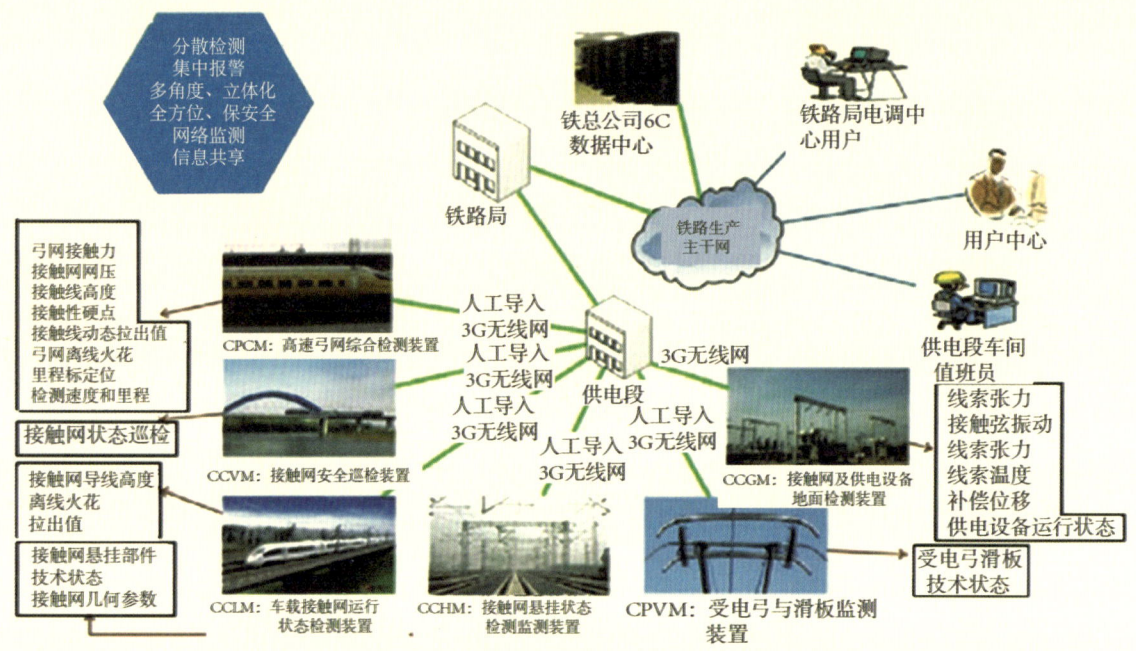

图 4.13　高速铁路供电安全检测监测系统（6C 系统）网络架构示意图

三、变电所主要设备的养护维修

在牵引供电系统正常运行时，所有电气设备的外壳均应清洁无油垢，工作接地及保护接地良好。小修后其锈蚀面积不得超过总面积的 5%，中修和大修后应无锈蚀和脱漆，大修后的设备镀层也应完好。所有充油（气）设备的油位（气压）、油（气）色均要符合规定，油管路畅通，油位计（气压表）清洁透明。检修后不得漏油（气），中、大修后应不渗油（气）。

金属构架、杆塔和支撑装置的锈蚀面积，小修后不得超过总面积的 5%，中、大修后应无锈蚀，漆层应完好。钢筋混凝土基础、杆塔、构架应完好，安装牢固，并不得有破损、下沉。紧固件要固定牢靠，不得松动，并有防松措施，螺纹部分要涂油。绝缘件应无脏污、裂纹、破损和放电痕迹，瓷釉剥落面积不得超过 300 mm²。各种引线不得松股、断股，连接要牢固，接触良好，张力适当，相间和对地距离均要符合规定。电气设备带电部分距接地部分及相间的距离要符合规定。

大修中所有更新的零部件要达到出厂标准，所有新换的设备本身质量及安装质量，新设的基础、杆塔、构架和支撑装置等，均要达到新建项目的标准。

1. 牵引变压器及其附件的检修

变压器的检修工作通常分为定期检修和故障检修两类。定期检修是维护性检修，是对冷却装置、潜油泵、散热片、调压驱动装置等辅助设备及变压器油进行维护。周期检修的目的是保持变压器始终处于正常状态，提高变压器的健康水平，保证变压器安全可靠，满足负荷运行的要求。故障检修是恢复性维修，是在变压器出现故障或缺陷，影响变压器的正常运行甚至迫使变压器退出运行时，对变压器进行处理。恢复性检修的目的是消除变压器的故障和缺陷，使变压器重新恢复正常运行。

图 4.14 变压器及其附件

变压器在正常运行时有均匀的嗡嗡电磁声，若电磁声不均匀则可能是铁芯的穿心螺栓或螺母有松动，若内部有噼啪的放电声则可能是绕组绝缘的击穿现象。变压器在运行中，各散热器、油枕、瓦斯继电器、防爆管等处阀门应打开；瓦斯继电器应无气体、无积水、无渗油、引线良好、接线盒无积水或积油；油枕、套管无破损且油位正常；绝缘瓷瓶清洁无污、无破损与裂纹、无放电痕迹；电气连接部分应连接牢固，接触良好，无过热、过紧、过松；接地线、回流线完整无锈蚀、损伤、断裂；各部件连接线夹和连接导线不存在发红、过热；冷却装置齐全，油浸自冷、风冷式变压器在运行中上层油温不应超过 85℃。

牵引变压器的日常维护，要定期对外部进行绝缘清扫、除尘、刷漆，定期对套管螺母打油及紧固，若呼吸器缺油要及时补油，干燥剂、测温贴片等也要定期更换。

牵引变压器检修及维护保养的内容如下。

二次接线

检查软母线有无松股、断股、散股、异物。对松股、散股及断股（≤3 股）的母线进行绑扎补强处理，断股超过 3 股时要更换母线。

检查线夹螺栓有无锈蚀，是否连接紧固，有无裂纹烧伤。紧固松动的螺栓，更换已生锈的螺栓，并涂抹黄油；更换有裂纹烧伤的线夹。

设备线夹与本体线夹搭接面积要对应，搭接材质要相同。对线夹搭接面积不够的，应更换其设备线夹，搭接材质不相同且不能直接相接的，应在两线夹之间增加过渡板。

检查硬母线有无裂纹、烧损、变形、脱漆及变色。更换出现裂纹、烧损的硬母线，硬母线出现变形时用木锤敲打矫正，脱漆及变色严重的母线要重新涂刷与母线相色一致的油漆。

套管

高压套管油位应不低于下部油位表面积的三分之一，绝缘油应成透明或淡黄色。油量不足时，应旋开油枕油塞，用注射器注入合格的变压器油。注油时，打开取油阀和油塞将油放尽，用温度为 60℃～70℃ 的热油冲洗 3 次，再关闭取油阀，用上述方法注油。

套管要求无破损、裂纹和放电痕迹。当瓷釉剥落面积不超过 300 mm² 时，用瓷釉漆修补剥落部分即可；当釉剥落面积超过 300 mm²，套管破损或出现裂纹时，须更换套管。

检查套管是否安装牢固，有无渗漏油。紧固不牢套管的螺栓；对有渗漏油的套管，检查其渗漏点，若因胶垫引起则更换胶垫，若因套管引起则更换套管。

瓦斯继电器

瓦斯继电器内要求无气体，连接部位牢固，密封良好，无锈蚀，无渗漏油。对于运行过的变压器，继电器内出现气体时，应及时通过集气盒或继电器中的气塞收集气体，分析其是否正常。锈蚀部位要进行除锈涂漆，出现渗漏油时应更换蝶阀或胶垫。

继电器要求接点正常、动作正确，二次接线紧固，绝缘良好（≥ 2 MΩ），防雨装置良好。对动作异常的继电器，应查明原因，必要时进行更换。

温度计

温度计要求指示正常，动作正确，安装牢固，密封良好，无锈蚀。对指示异常的温度计进行校核，查明其原因，对误差超过 ±2.5 ℃（2.5 级）的温度计进行更换。

当温包孔内的油量没有完全浸没温包时，要增加适量变压器油，使之完全浸没温包；当油量过多溢出的，要及时清除。对接点异常、动作不正确的温度计应查明原因，必要时进行更换。

压力释放阀

压力释放阀的密封胶垫要求无老化、开裂和渗漏油现象。阀座与箱体间渗油时，可适当紧固其固定螺栓，若不能解决，应更换密封胶垫。顶胶圈和侧胶圈处渗油时要更换压力释放阀。

油枕

油枕要求安装牢固，密封良好，无锈蚀，无渗漏油。对锈

蚀的部分进行除锈涂漆。对于因焊缝、沙眼造成的渗漏，将油枕内的油放出后，关闭蝶阀，在油枕内用电焊直接进行补焊。对出现假油位或油位计损坏的，将油枕内的油放出后，关闭蝶阀，重新调整浮球及连杆或更换新的油位表。

油箱

油箱要求安装牢固，密封良好，无锈蚀，无渗漏油。对生锈的部位进行除锈涂漆。若有渗油应在擦净油泥后，涂抹滑石粉找到渗油点，再用铁冲子冲压堵孔，然后点焊。油箱上的铭牌应齐全、清晰，无铭牌的应及时与厂家联系补充；铭牌生锈无法看清内容时，应及时除锈直到看清内容，必要时联系厂家重新制作。

冷却装置

散热片要求各个管路畅通，无变形，无锈蚀，无渗漏油。散热片出现严重变形时要及时更换。锈蚀的部位要除锈涂漆。对轻微渗油的部位，用120#砂纸打磨渗漏油处的表面，使其露出金属光泽，然后用堵漏密封胶封堵；对于严重的渗漏部位，需关闭故障散热片的上下蝶阀，进行解体检修、补焊，或更换新的散热片。风机缺少或不转动时，应补充或更换。

呼吸器

呼吸器要求外观干净，底座、顶盖和玻璃罩完整无破裂，内部硅胶颜色正常（变色不超过2/3），油封完整无渗漏油，油量在正常油位线内，油色正常，呼吸器上法兰与连接管畅通。

若底座、顶盖和玻璃罩有破裂，应更换新的呼吸器；密封胶垫老化、密封不严时也应更换。对于硅胶变色超过2/3的，倒出失效硅胶并进行更换。

接地

检查铁芯接地是否连接紧固，绝缘子有无破损、裂纹和放电痕迹，瓷釉剥落面积不得超过300 mm^2。对绝缘子破损、裂纹及瓷釉剥落面积超过300 mm^{2}的进行更换。

铁芯接地

外壳接地

回流接地

工作接地

图 4.15　牵引变压器的各接地形式

检查外壳接地连接是否良好，有无锈蚀、脱漆。紧固连接螺栓，对生锈部位除锈涂漆，并对脱漆或未刷黑漆的部位进行刷漆。

检查工作接地连接是否紧固，接地电缆是否固定良好。将导磁性的抱箍更换为非导磁性材料或非闭合磁路的抱箍。

油路通道

各油路通道的蝶阀位置应均处于开启状态，密封良好，无渗漏油。对有渗漏的地方，要先紧固蝶阀；若仍出现渗漏，关闭其他各油路通道，打开变压器底部的放油阀放油，当油面略低于油路通道时，关闭放油阀，然后更换蝶阀或密封胶垫，最后将滤油机的出油管接至变压器放油阀处，打开放油阀进行补油。

基础及油池

清扫主变基础及油池,保证其清洁无异物,并检查基础有无裂纹、破损、下沉。对裂纹、破损的基础,用水泥进行补强;对下沉的基础重新开挖、浇铸。

2. 高压断路器的检修

断路器是电力系统中极其重要的控制设备,具有很强的灭弧能力,同时具有控制和保护双重作用,对它的最基本要求就是,无论电力系统处于什么状态,断路器都能有效地开合所控制的线路和设备。目前在牵引变电所的 220 kV 侧多采用 SF_6 断路器,27.5 kV 侧多采用真空断路器,因此这里主要介绍这两种断路器的维修养护。

对于 SF_6 断路器,正常状态下,要求绝缘套管外表面无污垢、无破损、连接法兰完好。如有破损应做如下处理:若破损面积较小,可用瓷釉漆或环氧树脂修补裙边小破损;若瓷套径向有穿透性裂纹,外表破损面超过单个伞裙 10%,或破损总面积虽不超过单伞 10%,但同一方向破损伞裙多于二个以上者,应更换瓷套。

此外,断路器还要求三相电气连接紧固,连接处无发热现象,螺栓无锈蚀。SF_6 气体压力也应在厂家标注的范围内,当 SF_6 气体压力低于厂家规定压力或有低气压告警时,应及时补充 SF_6 气体。

断路器机构箱需保证加热回路完好,储能指示正确,分合闸指示正确,连杆无磨损和损坏,二次引线绝缘良好无脱落、外观无发热迹象,机构箱内无渗水漏水痕迹,密封良好,计数器动作正常。若加热器、温控器有损坏或变形,应及时更换。对加热系统通电试验,加热

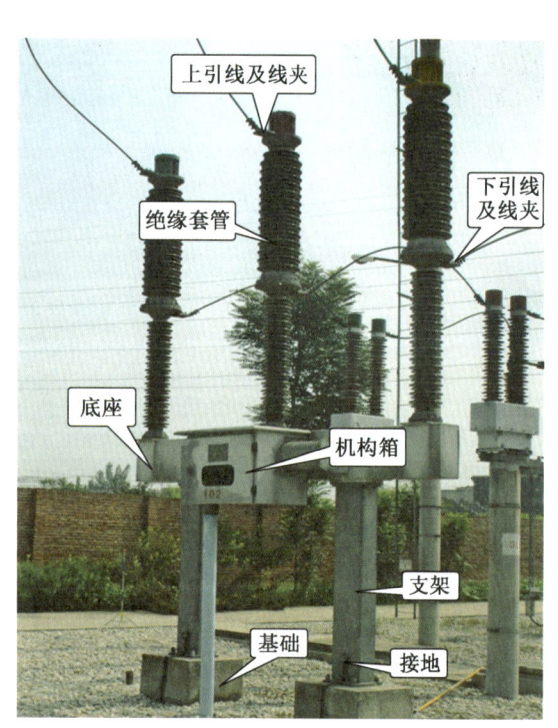

图 4.16 220 kV 户外 SF_6 断路器及其附件

器通电 5 分钟后，用手应能明显感觉到温度，即为正常。

对于二次接线及端子排，要求端子无损坏、导线无发热现象，绝缘良好，连接可靠。金属设备支架存在锈蚀的，应用砂纸打磨除锈，再喷涂与原色相近的漆。基础如有轻微裂纹或剥落，应用混凝土进行修补。支架中心线应垂直于地面，当倾斜角度超过 3‰ 或基础出现严重下沉时，应重新打立基础和支架。

对于真空断路器，维修检查可分为巡视检查、定期检查和临时检查三种检查方式。巡视检查是从外部监视处于运行状态下的真空断路器有无异常，重点检查项目有：核实分合指示是否正确，有无不正常声音、臭味等，有无部件损伤、碎片脱落、附着异物，热线端子、线圈有无过热变色。巡视检查时一旦发现不正常现象，要立刻停用断路器并查明原因。定期检查为每隔一定时间（一般首次为 1～2 年，其后为 3～6 年）或完成一定分合闸次数后，将真空断路器停运进行检修，检查的主要项目是测定绝缘电阻和接地电阻。当日常运行状态下有异常情况出现时，需对相应部位进行临时检修。

真空断路器的正常运行，要保证灭弧室外壳无裂纹，连接螺栓紧固，润滑清洁良好；灭弧室无放电痕迹，屏蔽罩无氧化、无变色、无水珠；必要时用加压法检查真空灭弧室真空度，加压过程中允许灭弧室内部出现非连续性辉光或零星火星，但不得发生贯穿性放电。真空断路器的动触头需要保持弹簧紧固、结构完整、润滑清洁良好。辅助连锁接点要保证转换正确、闭合时接触良好，闭锁杆动作灵活可靠并且无变形和移位。断路器推进拉出要求无卡滞，止滑可靠，其附带的干式电流互感器应无破损和裂纹，二次接线及接地牢固无脱落、松动。

无论是 SF_6 断路器还是真空断路器，其操作机构与传动部件都要满足：储能电动机在通电检查时要运行平稳；人力储能操作机构储能运行正常；各部件完好，无扭曲和变形，无积污，各固定螺栓、轴销、开口销齐全牢靠；各连杆连接深度不

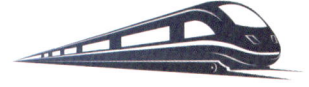

小于杆的直径；连接处无裂纹、松动，螺纹无滑扣及其他异常现象；各传动件运动灵活、无卡滞，活动部位润滑有油；分合闸指示牌与实际情况相符。

3. 高压隔离开关的检修

高压隔离开关一般分为户外式和户内式两种。户外式高压隔离开关运行中，经常受到风雨冰雪和灰尘的影响，工作环境恶劣。因此，对户外式高压隔离开关的要求较高。

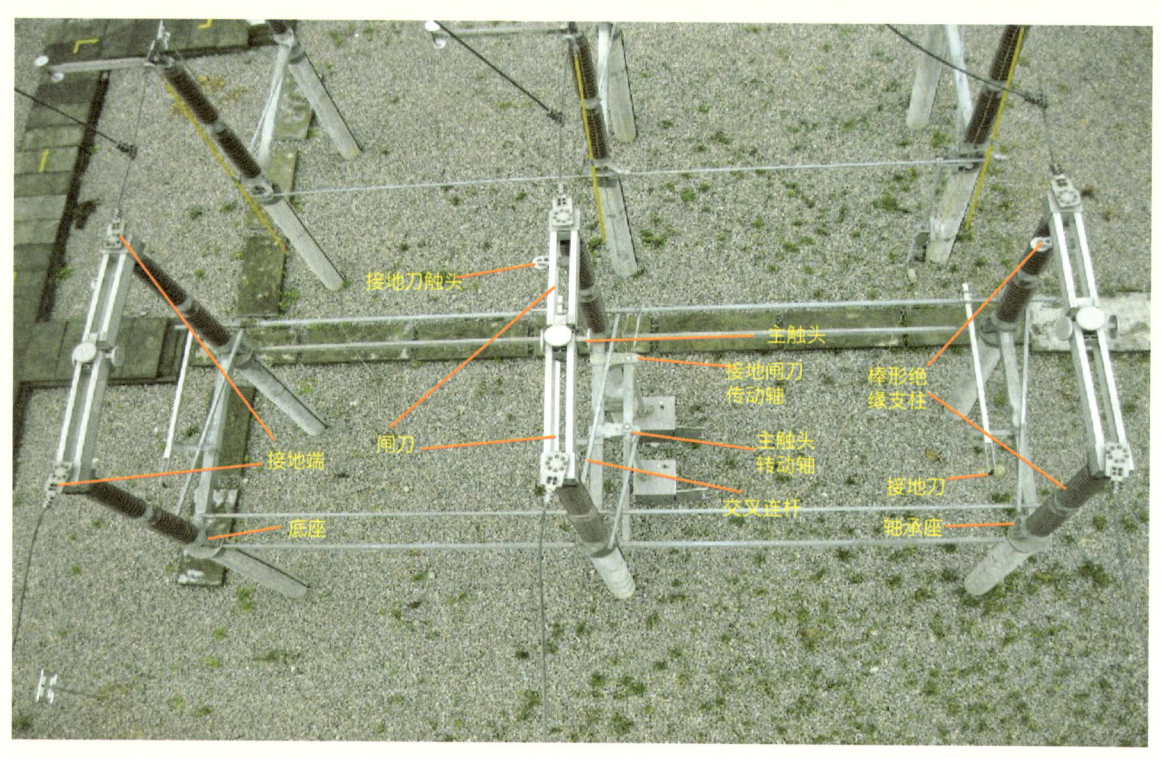

图 4.17　户外隔离开关

（1）对于 110（220）kV 户外隔离开关，具体的检修及维护保养内容如下。

主闸刀

检查触头接触面有无过热、烧伤现象。用汽油、抹布清抹触头，镀银触指应无脱落，轻微烧伤可用什锦锉修平，但不得将镀银层打磨掉，再对触头接触表面涂抹一薄层中性凡士林。

烧伤严重时需更换触头。用 0.05 mm × 10 mm 的塞尺检查触指与触头接触是否紧密。带有均压环、屏蔽环的，检查其安装是否牢固，有无裂纹、变形，必要时更换。带有防雨帽的，对其拆开检查，除去锈蚀及污秽，轻微锈蚀应做防锈处理，锈蚀严重或出现裂纹时应更换。

接地闸刀

触头可用汽油进行清洗，导电接触面要求清洁、完好，烧伤严重的要更换。触头接触弹簧若锈蚀则需除锈，永久变形的要更换。

接地刀杆要求无变形，焊接处牢固、无裂纹，各紧固件牢固，软铜带断裂面积不超过总面积的 10%，必要时进行更换。

隔开引线及线夹

检查连接线有无松股断股、过松过紧现象。若出现散股，应松开母线固定螺栓，摘下导线，由远而近沿导线缠绕方向捋顺散股，重新固定；仍达不到要求时，应对散股部位进行绑扎。若出现断股，将断股处及断头用砂纸打磨，去除毛刺，用同型号母线的一股沿母线缠绕方向进行绑扎。过松时，剪去多余部分，重新固定；过紧可通过增加连接板、U 形环等方法解决。

检查连接线夹有无裂纹、螺栓有无锈蚀、螺栓力矩是否符合规定。更换有裂纹或断裂的连接件。打磨轻微锈蚀的螺栓，做防锈处理，更换锈蚀严重的螺栓。

绝缘子

检查瓷体有无破损、裂纹及爬电痕迹。瓷体瓷釉剥落面积不超过 300 mm^2 的用瓷釉漆修补，或用环氧树脂加石英砂调好后修补，损伤严重的应予更换。

操作机构及传动部分

检查手动操作机构是否灵活，辅助触点转换是否正常，有无氧化现象，必要时更换辅助开关。检查二次接线有无破损情

况，绝缘有破损应使用绝缘胶带重新包扎。

检查电动操作机构的电机转动是否正常，接触器、辅助开关、分合闸按钮有无破损，辅助开关分合是否切换正确、接触可靠，加热器状态是否良好。

检查传动机械部分的各连杆、接头、夹叉有无变形或锈蚀，螺纹有无损坏。锈蚀部位应做防锈处理，各部件如有损坏应进行更换。检查连接部位，紧固连接螺栓，对传动轴的轴承及传动杆用润滑脂进行润滑。

基础及支架

基础应完好无破损、下沉，轻微破损可进行修补，必要时加固或重新浇筑基础。支柱绝缘底座平面垂直情况应符合规定，安装应牢固，必要时进行加固。金属支架应无锈蚀，对锈蚀部位要及时做防锈处理。

接地

紧固支架接地、机构箱接地各组成部分，必要时更换连接线、引下线、连接点、连接头、分接头等零部件。接地应无锈蚀，必要时做防腐处理。

（2）对于户内式隔离开关，检修及维护保养的主要内容有：

开关触头

用 0.05 mm×10 mm 的塞尺检查触指与触头接触是否紧密、可靠，可以调节夹紧弹簧来增大接触压力。检查触指与触头表面有无烧伤痕迹，清除触片表面氧化层，并涂中性凡士林。

负荷隔离开关除上述要求外，还应检查气体灭弧室，对漏气、烧伤的真空泡或气体灭弧室进行更换。

绝缘子及支架

检查瓷瓶有无破损，可用环氧树脂修补裙边小破损，或用强力胶黏结修复碰掉的小瓷块，破损严重的应进行更换。绝缘子与安装底座要保证连接紧固，锈蚀的螺栓要及时更换。

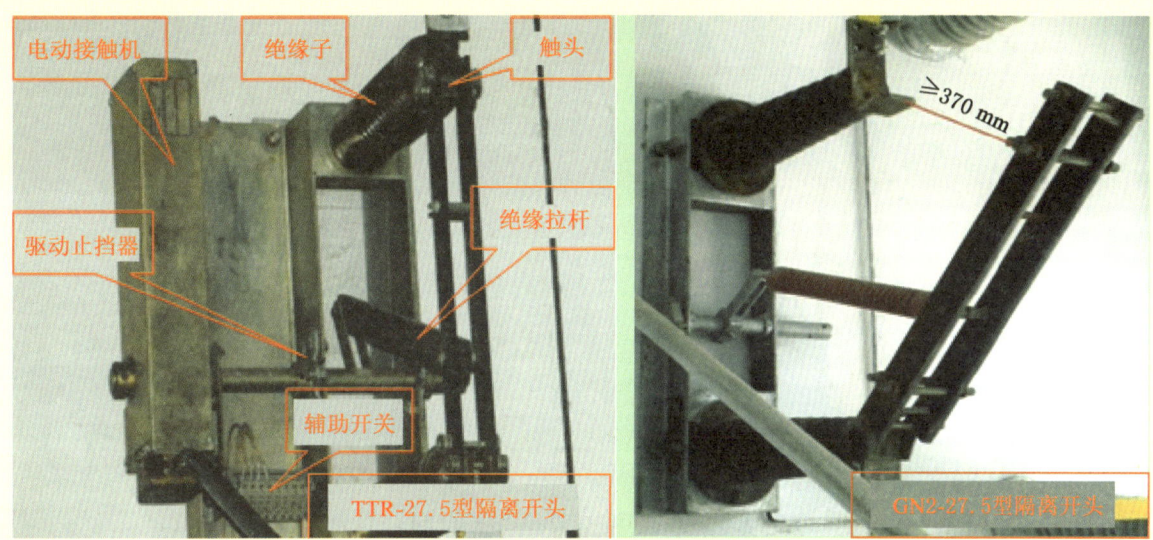

图 4.18 户内隔离开关

隔开引线

紧固松动的引线连接螺栓，对于锈蚀和烧伤的接头应拆开，用平锉去除锈蚀物和烧斑，涂抹电力复合脂，重新紧固，必要时更换烧伤部件。

操作机构及传动部分

此项检修与 110（220）kV 户外隔离开关的操作机构及传动部分检修一致。

接地

检查底座及机构箱接地连接是否可靠，紧固接地连接端子，更换锈蚀螺栓。

4. 110（220）kV 互感器的检修

110（220）kV 互感器包括电流互感器和电压互感器。电流互感器作为供电系统中重要的一次设备，将一次系统的大电流变换为小电流提供给二次设备，以实现对一次系统的测量、保护和监视。电压互感器是一种专门用作变换电压的特种变压器，主要具有电压变换和隔离两重作用。为了测量高电压时的安全与方便，将高压回路的高电压转变为低电压供给电气测量、计量仪表和继电保护装置，实现测量、计量、保护等作用。检修及维护保养的主要内容如下。

金属膨胀器

检查金属膨胀器是否安装牢固、密封良好，有无渗漏油，顶部排气阀若有气体应进行排气。检查膨胀节有无明显变形、开裂现象，要求油位指示机构灵活、正确，否则进行更换。

图4.19　110（220）kV 电压互感器

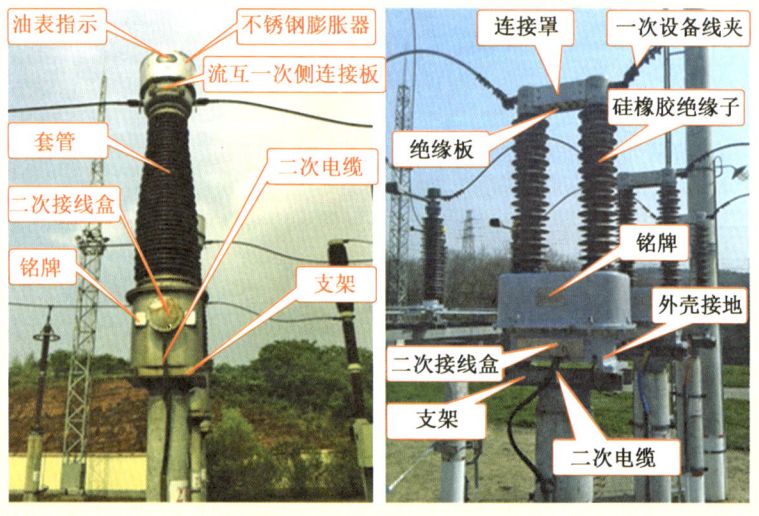

图4.20　110（220）kV 电流互感器

油箱

检查下部放油阀、瓷套管与底座等部位有无渗油现象，紧固件、连接件有无松动。如果有油从密封处渗出，则重新紧固密封件，如果还漏则更换密封件。如焊缝渗漏应进行补焊，若焊接面积较大或时间较长，则应带油在持续真空下（油面上抽真空）补焊。若油箱油位不达标，可根据产品出厂要求进行充、放油。

瓷套

可参考 SF_6 断路器绝缘瓷套的检修。

一、二次引线及线夹

可参考户外隔离开关隔开引线及线夹的检修。

金属外壳

用金属清洗剂清除表面油垢及污秽，对漆膜脱落裸露的金属部分，先除锈后补涂防锈底漆。为使漆膜均匀，宜用喷漆方法，喷枪气压控制在 0.2～0.5 MPa。喷漆前应遮挡瓷表面、油表、铭牌、接地标志牌等不应喷漆的部位。

喷漆时先喷底漆，漆膜厚为 0.05 mm 左右，要求光滑、无流痕、垂珠现象。待底漆干透后，再喷涂面漆。若发现斑痕、垂珠，可清除磨光后再补喷。如原有漆膜仅少量部位脱落，经局部处理后，可直接喷涂面漆一次。漆膜干后应不粘手，无皱纹、麻点、气泡和流痕，漆膜黏着力、弹性及坚固性应满足要求。

器身

铁芯的检查：检查穿心螺丝有无松动，若有松动要及时紧固。检查硅钢片的绝缘情况是否良好、有无变色，测量穿心螺丝与铁芯间的绝缘电阻不得少于 10 MΩ。

线圈的检查：检查各线圈有无损坏、变色、变形、击穿及松脱现象，轻微变形应整形，出现松弛应加固，绝缘损坏应重新包扎。绝缘等级的判别可参照下表。

基础及支架

可参考户外隔离开关基础及支架的检修。

表 4.2　绝缘老化的分级

级 别	绝 缘 状 态	说 明
第一级	绝缘弹性良好，色泽新鲜均一。	绝缘良好。
第二级	绝缘稍硬，但手按时无变形且不裂不脱，色泽略暗。	尚可使用。
第三级	绝缘已有发脆，色泽较暗，手按时有轻微的裂纹，变形不太大。	绝缘不可靠，应酌情更换。
第四级	绝缘已硬化发脆，手按时，即脱落或裂开。	不能使用。

接地

检查支架接地、末屏接地，紧固支架接地端子、末屏接地端子，必要时更换连接线、连接头、分接头等零部件。检查二次接地，紧固二次接地端子，必要时更换连接线。检查接地、接零涂色和标志是否正确清晰，必要时做防腐处理。

四、接触网主要设备的养护维修

接触网运行维修坚持"预防为主、重检慎修"的方针，遵循"定期检测、状态维修、寿命管理"的原则，按照专业化、机械化、集约化的维修方式，实行"运行、检测、维修"分开和集中修组织模式，定期进行检测，开展即时、定期分析诊断，确保接触网运行品质和安全可靠性。

1．接触悬挂的检修

承力索和接触线

检查接触线和承力索是否有锈蚀、断股、扭面及弯曲变形等现象。

接触悬挂的承力索一般是铜绞线。如果承力索断股面积小于截面的 7%，把断股的单股绞线理顺后，用与绞线单股线相同的铜线绑扎处理；如果断股面积大于截面的 7%，则用绞线接头进行加固。

接触线如有扭面，则用扭面器进行纠正即可。接触线和承力索如有锈蚀现象，则先用砂纸或其他工具除锈，然后涂上防

 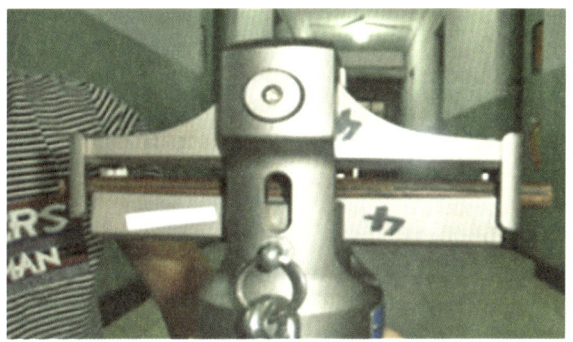

图 4.21　接触线直弯器（左）和局部校直机（右）

图 4.22　接触线的检修作业

腐剂。

接触线有弯曲时，用直弯器校直；有局部变形时，用接触线局部校直机将其校正到平直状态。

对于磨耗较严重的点或重点地段（如定位点、电连接、导线接头、中心锚结、电分相、电分段、跨中），要重点测量接触线的磨耗量。

利用游标卡尺或千分尺测量出接触线残存高度值，然后根据接触线磨耗换算曲线判断其磨耗是否超限（不同规格该曲线也不同）或计算出磨耗面积。

接触线磨耗面积加大，又尚未达到更换程度时，为了改善其运行条件，应逐渐减少它的实际张力。具体措施就是减少坠

图 4.23　承力索的检修作业

陀数目，使接触线内的实际张力保持在设计值。

因承力索损伤而不能满足该线通过的最大电流时，若系局部损伤，可以加电气补强线，若系普遍损伤则应更换。承力索损伤后不能满足规定的机械强度安全系数时，可以加补强线或切除损坏部分重新接续。承力索在悬吊滑轮处要求转动灵活、无卡滞，悬吊滑轮与线索相匹配。当检查发现承力索位置不符合设计标准时，需对承力索位置进行调整。

吊弦与吊索

吊弦与吊索的维修一般与检修接触线和承力索一起进行，其维修较简单，不再细述。这里重点介绍维修过程中的问题处理。

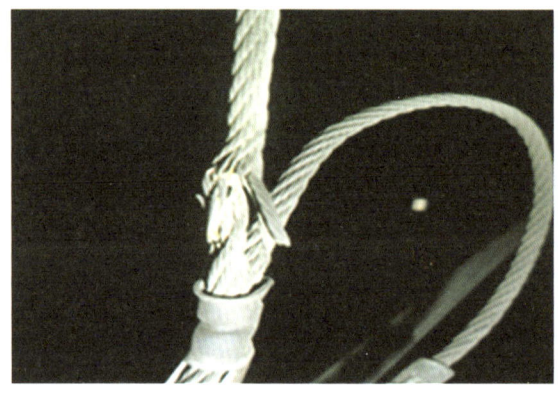 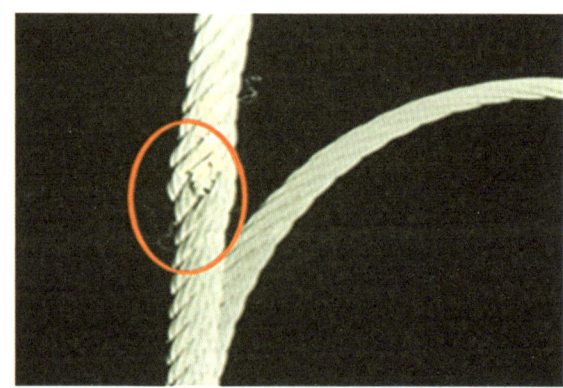

图 4.24　需要更换的吊弦

吊弦线本体断股（断 3 根单丝及以上）、散股、受损及氧化严重时，应重新压接新吊弦来更换既有吊弦，尺寸与既有吊弦保持一致。在更新吊弦后，要检查吊弦的受力情况及该点接触线距轨面的高度是否符合要求。

在接触悬挂有补偿的情况下，当温度发生变化时，由于线索本身的物理特性会使线索产生顺线路方向的移动，尤其是在半补偿链形悬挂中，由于承力索无补偿，在温度变化时，其弛度将发生变化，而沿线路方向基本不动，但接触线却是随温度变化而产生沿线路方向移动的，故在这种情况下，吊弦就会顺线路方向倾斜，若倾斜角度过大，则会影响悬挂的质量。为了保证吊弦符合技术要求，在运行维修中，应根据当时的气温对吊弦的偏移量进行检查和验证。

当吊弦线鼻子出现裂纹或压接不牢靠的时候，应拆除既有吊弦，重新压接吊弦进行更换。当发现吊弦线夹表面有裂纹、变形、腐蚀时应对吊弦线夹进行更换处理。

当弹性吊索发生明显松弛或接触线高度与最近一次测量记录有明显差异时，应调整弹性吊索张力。当发现弹性吊索有断股、散股、断丝以及烧伤时，应及时更换。

锚段关节

检调时，首先检调转换柱处两支接触悬挂间的水平距离和垂直距离，及非工作支接触线的分段绝缘棒与工作支接触线的垂直距离，使其符合要求。然后检查锚支、工作支及定位器管的偏转是否灵活，有无卡滞现象。最后检查转换跨内接触线的转换过渡情况、电连接状况是否良好，及绝缘关节两支悬挂的电气距离是否满足要求。

对锚段关节进行调整时，在保证工作支导线高度、定位器坡度、偏移、拉出值符合要求后，方可调整线间距离和非工作支的抬高值。因悬挂的布置位置造成其绝缘间隙不够时，可相应改变悬挂的位置来保证其绝缘间隙。转换柱处非工作支接触线的绝缘棒与工作支接触线的垂直距离不满足要求时，须调整

转换柱处非工作支的高度使其满足要求。

补偿装置

进行下锚补偿装置维修时要带上安装曲线、温度计和其他工器具。首先核对补偿坠砣块数是否符合安装曲线的要求,检查坠砣的升降是否灵活、是否与坠砣限制杆摩擦,滑轮和棘轮是否有卡滞现象;然后测量 A、B 值以及断线制动装置的间隙是否符合要求;最后检查补偿绳是否有防腐油,各部件的受力状况、锈蚀情况、螺栓紧固及涂油等。对不符合要求的项目进行调整或更换,以达到工艺要求。

若测量的 A、B 值与计算不相符,且相差较大时,需进行调整。其方法是用手动葫芦或拉链葫芦将补偿器坠砣卸载,并将补偿绳与坠砣杆相连的楔形线夹卸下,按照计算的结果,重新做回头并装上,复原即可。如图 4.25 所示。

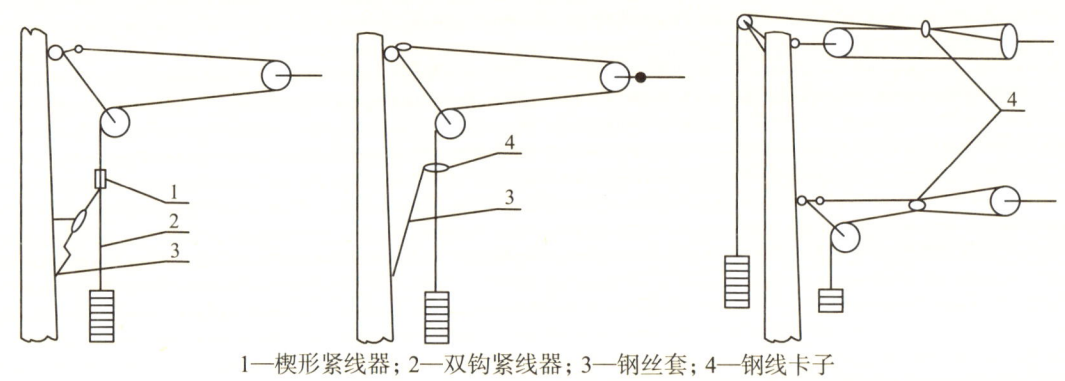

1—楔形紧线器;2—双钩紧线器;3—钢丝套;4—钢线卡子

图 4.25 坠砣的调整方法

电连接器

电连接器结构简单,维修方便,其维修工作一般是穿插在其他项维修工作中进行。下面介绍电连接器维修中常见问题的处理方法。

电连接线散股时,把线拆下来,先顺着其绕向绕紧,然后用同材质的扎线进行绑扎即可。电连接线有损伤时,如果损伤断股在 1 股时，用上述方法进行处理；如果断股达到了 2 股及以上，则要更换。

当电连接器需要更换时，先按旧的电连接器尺寸规格进行预制，然后把旧的电连接器拆掉，并用钢丝刷或砂纸将线夹的槽孔和接触线的线槽、承力索安装线夹处进行清扫、除锈和除氧化层，涂上导电脂，最后把新的电连接器按要求安装好。

若电连接线夹处接触线高度低于相邻吊弦，则减小电连接线在承力索与接触线间的预留量；若电连接线夹处接触线高度高于相邻吊弦，需要重新制作压接接触线电连接线夹。

电连接线连接过松时，在承力索所上用软铜绞线进行绑扎；连接过紧时，需重新压制电连接。

若电连接线露头过长，需重新绑扎、裁剪；若 U 形螺纹卡子无外露，需重新更换进行压接；若电连接线夹压偏超标，需重新压制接触线电连接线夹。

中心锚结

维修中心锚结时，应检查锚结绳两边受力是否相等，有无锈蚀、损伤及断股情况；检查中心锚结线夹的工作状态是否正常，锚结绳、中心锚结线夹的安装是否正确；螺栓是否坚固、有油；检查中心锚绳绝缘部件是否有损伤、是否干净，其下锚装置是否可靠等。

当发现中心锚结柱中心连线不垂直于线路中心线时，将中心锚结柱调整至垂直线路中心线。发现承力索中心锚结线夹螺栓穿向错误、安装位置不符合设计标准值时，应将承力索中心锚结线夹拆除，按照标准值重新安装。承力索中心锚结线有断股、烧伤时，应及时更换。

2. 支持和定位装置的检修

软横跨

检查双横承力索的受力状态，若受力不均匀，则需调整。检查上、下部固定绳与横向承力索是否在同一平面内，若不在同一平面内，也要及时调整。

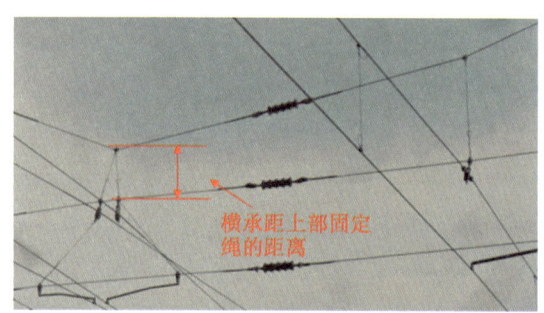

图 4.26　上部固定绳的最短吊弦长度

检查上、下部固定绳的弛度，若两端松弛，则在相应固定绳上打上紧线器，再将固定绳与支柱连接零件卸载，调整两端的调节螺栓或更换杵头杆。如果中间两悬式绝缘子上下部固定绳松弛，可用手扳葫芦将固定绳卸载后，采用调整上下部固定绳在绝缘子处的回头长度来调节线索松紧度。

检查横向承力索距上部固定绳的最短距离，如需调整，在横向承力索上的绝缘子处楔形线夹两侧打上紧线器，将绝缘子卸载后，调整横向承力索在楔形线夹内的回头长度，以保证其弛度及受力状态，并确保最短吊线长度。

检查直吊弦是否垂直，若不垂直，超过误差规定的范围（左右偏差允许 ±100 mm）时就要调整。检查绝缘子串是否对齐及有无下垂现象，若有则可调整两边杵头杆长度、开式螺旋扣（混凝土柱）。当杵头杆长度、开式螺旋扣已无法再调整时，可通过重新做回头的方法调整。软横跨若有烧伤或有接头时应更换，只更换软横跨电分段的一边和更换整个软横跨，方法是不一样的。

硬横跨

当角钢或吊柱本体、门型框架本体出现锈蚀时，首先用砂纸（或专用除锈喷砂机）进行除锈直至露出金属本色，然后喷涂防锈漆，最后喷涂银粉漆。各紧固不到位的螺栓用力矩扳手紧固到位，出现裂纹的要及时更换，出现锈蚀的要涂抹高效油脂，基础螺母锈蚀的应更换螺母并紧固到位。

当吊柱倾斜度超过 1° 时，对吊柱底座进行调整：松动吊柱倾斜方向同侧的螺栓，插入适量薄垫片，调整吊柱用的垫片不得超过 3 片（不超过 15 mm），然后按要求紧固螺栓，使其竖直。

吊柱本体有裂纹的应及时更换，门型框架焊接点开焊的须重新更换框架本体，硬横梁弯曲变形严重时更换该横梁。

当横梁出现弛度时，用吊车自横梁中部起吊至受力，松动横梁中部拼接法兰盘的上半部分螺栓，加入适量垫片，使横梁略有负弛度；松开吊车，按标准紧固拼接法兰盘螺栓，此时横梁应呈水平或略有负弛度。

支持装置

在对支持装置进行检修时，重点检查腕臂有无弯曲变形，水平拉杆或压管受力是否良好，钩头鞍子有无异常等情况。

腕臂底座装设不水平、有扭转时，可稍松动紧固螺栓，用手锤敲击，调整上底座水平和扭转状态；调整下底座时可在上下底座间搭 1.5 t 手扳葫芦拉住下底座，稍松动紧固螺栓，用手锤敲击，调整下底座水平和扭转状态。

各零部件有锈蚀、变形、裂纹、氧化腐蚀时，更换相应零部件。对缺少开口销的进行补装，对锈蚀开口销更换，开口销掰开角度为 120°～130°。

破损、有放电痕迹、瓷绝缘子釉面剥落面积超过 300 mm²

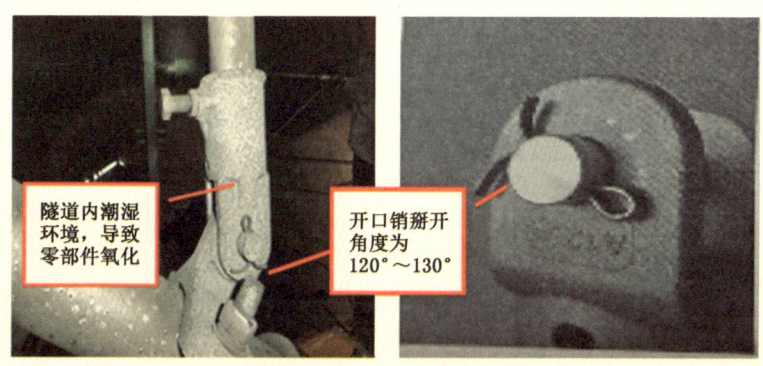

图 4.27 腕臂零部件氧化（左）及开口销掰开角度（右）

的棒式绝缘子要及时更换。弯曲、变形，有裂纹、锈蚀的腕臂支持和腕臂管也要及时更换，支持方向安装错误的要进行调整，缺少开口销的要进行补装。

对结构高度不符合要求的腕臂要进行调整，可以通过调整上下腕臂底座高度和双套管连接器位置来调整结构高度；结构高度调整达标后必须对定位器限位间隙和坡度进行检查，避免结构高度调整导致定位器限位间隙超标。

对腕臂偏移值不符合要求的也要调整。调整前先卸载承力索，查看现场温度，对照"腕臂偏移对照表"将腕臂调整到标准位置，随后将承力索导入承力索座中。调整完成后必须对定位点及相邻吊弦点进行高度检查，如高差超标（定位点及相邻吊弦点高差超过 10 mm），则需更换相应吊弦。

定位装置

在对定位装置进行检修时，重点检查定位器、管的偏移及坡度是否满足要求，各零部件的受力是否良好，有无破损及裂缝等。

当锚段关节处上、下行定位管间距不足 1 600 mm 时，采取减小两定位管外露长度的方法，适当切除两定位管端部，使上、下行定位管间距符合规范要求。

定位器偏移值不符合标准时：首先根据测量数据，确定调整方向和调整量；其次确认腕臂偏移是否正确，若不正确先在承力索上做好标记，松动承力索座螺栓，推动腕臂移到标准位置；接着卸载定位器，松动定位线夹螺栓，将定位器调至标准位置，按标准力矩紧固。

定位器坡度不符合标准时：首先在保证接触线高度的前提下，确认调整量和调整方向；其次卸载定位器，松动定位线夹螺栓，调整定位管高度；调整后用坡度仪复测定位器坡度，直至符合要求。所有参数都符合要求后，用力矩扳手按设计要求对各部螺栓进行紧固。

定位线夹受力面反倒装或损伤时需要更换。

3. 支柱和拉线的检修

支柱及拉线的检修比较简单，主要是观察和测量。在检修过程中对于一些典型问题的处理方法如下：

普通中间柱出现倾斜时，卸载支柱负载，松动支柱基础螺栓，通过调整基础螺栓将支柱斜率调整至符合规范要求。

下锚支柱出现倾斜时：首先用钢绞线预制一个长套子，将支柱上腕臂底座与临时锚柱的下一个支柱根部连接起来；然后将线索临时锚固在临时锚柱位置，摇动临时锚柱上手扳葫芦使下锚支柱的受力缓慢卸载，将线索张力转移至临时锚柱上，让下锚支柱不受力；接着调整支柱斜率，待支柱斜率符合标准后，打开拉线下部连接件重新制作回头并恢复拉线安装；再摇动临时锚柱手扳葫芦使下锚线索受力重新转移至下锚支柱上，复测斜率符合要求后，拆除手扳葫芦、套子等工具。

支柱局部锈蚀时用砂纸打磨至露出金属本色，刷防锈漆后再刷银粉漆；锈蚀超标时应整体除锈、刷漆。支柱副角钢出现弯曲时，程度较轻的垫上木头用大锤砸直，程度较重的用千斤顶校正。

支柱出现扭曲、损伤需要更换时，首先卸载支柱负载，松动支柱基础螺栓，使用安装列车将损伤支柱拆除并安装新支柱，然后通过调整基础螺栓将新支柱斜率调整至符合规范要

图 4.28 外观良好（无松脱、锈蚀）的拉线

求,恢复支柱悬挂安装,复测各参数符合要求后,拆除工具。

拉线受力不符合标准时,调整 UT 线夹螺栓直至受力符合要求;如 UT 线夹不能调整到位,则重新做回头。

拉线底板、螺栓、绑线、耐张线夹出现锈蚀时,对拉线底板除锈后涂高效油脂;对生锈螺栓进行除锈处理并涂高效油脂,对生锈螺帽进行更换;对绑线进行拆除更换;对耐张线夹先除锈,再用防锈漆进行防腐处理。

拉线断股、锈蚀时,利用手扳葫芦、紧线器、钢丝套子等工具将拉线卸载。双拉线在更换时不允许同时拆除,以防止支柱倾斜;单拉线在更换时应先做临时拉线使支柱受力稳定。根据工艺要求,应按照原拉线长度重新预制新拉线进行更换,使拉线受力稳定。

4. 单项设备的检修

隔离开关

检调隔离开关时,先将开关倒至分闸位置,检查刀闸是否分闸到位及刀闸上接触点的磨损情况(含接地刀闸);再将开关倒至全合位置,检查合闸是否到位及动静刀闸的中心线是否重合,并检查动静刀闸的接触情况。如果有条件,用微欧计测量其过渡电阻。最后检查操作机构、操作连杆及引线的工作状态,金属件的锈蚀情况等。

隔离开关检修中一些典型问题的处理方法如下。

开关托架不水平时,将水平尺放在托架上观察,调整斜撑角钢与水平角钢连接处的位置,直至托架水平,将螺栓按照标准力矩重新进行紧固。

操作机构转动时有卡滞或冲击现象时,对转动部分注入润滑油;传动杆与操作机构连接松动时,按照标准紧固法兰盘连接螺栓;传动杆安装不垂直时,调整操作机构安装位置,直至其垂直。

面接触的隔离开关在触头闭合状态下用 0.05 mm × 10 mm 的塞尺检查时,若插入深度超过 4 mm,或者线接触的隔离开

图 4.29　隔离开关绝缘子损坏照片

关有间隙时，则调整刀闸的顶紧螺栓，增加弹簧片的接触压力，使两者密贴，但应保证其开合灵活。

触头表面有锈蚀、烧损痕迹时，对其进行擦拭，禁止用砂纸打磨，涂中性凡士林；出现烧损时要及时更换；对触头表面有特殊镀层的按照产品说明书处理。

开关分闸角度不合适时，将开关倒至分闸位置后，先调整交叉连杆的长度，直至分闸角度符合要求，最后调分闸止钉的间隙 1～3 mm。合闸不呈直线时，先将开关倒至合闸的位置，调交叉连杆，使刀片合闸呈直线，然后调整合闸止钉间隙。

开关引线弛度过小时，将引线与承力索和接触线的连接点向靠近开关方向移动，弛度过大时则向远离开关方向移动。引线距接地部分距离小于 350 mm 或钢轨相交处与接触线高差小于 300 mm 时，可将引线与承力索相连处顺着承力索绑扎一段，减小引线弛度，增加其距离。

接地线锈蚀时，用砂纸对其除锈，直至露出金属本色，然后涂防腐漆。接地电阻超标时，对接地端子、接地线线夹进行除锈和螺栓紧固，重新测量接地电阻，若电阻值仍超标，重新选择综合接地端子进行连接处理。

隔离开关本体绝缘子、翻转绝缘子损坏时，要及时更换，并检查更换后的绝缘子安装状态是否符合要求。

避雷器

避雷器的日常维修较简单，主要是检查各部件的连接情况、避雷器绝缘体的状况及动作计数器的动作情况，测量接地电阻，检查各部件的锈蚀情况，紧固螺栓并涂油。避雷器检修中一些典型问题的调整处理方法如下。

当避雷器托架不水平时，可调整底座。调整底座时可稍松动紧固螺栓，用手锤敲击，调整上底座水平和扭转状态，调至水平后紧固底座螺栓。

绝缘子表面脏污时，瓷质绝缘子用中性清洁剂擦洗至无明显痕迹，再用清洁干燥的抹布擦拭绝缘部分；硅橡胶绝缘子一般只需用干抹布抹去表面灰尘即可，如确需清洗时，用清水或中性清洗液擦洗，然后用清洁干抹布擦拭干净。当瓷釉脱落或复合绝缘子裙边损坏超过 300 mm^2 及表面龟裂老化严重时，更换避雷器。

当避雷器要求直立安装时，其倾斜度不得超过 2°，超过时松开绝缘子底座，适量增减垫片使其垂直。

避雷器引线弛度过小时，将引线与承力索和接触线的连接点向靠近避雷器方向调整，必要时可更换引线；弛度过大时，调整设备线夹处引线长度或将引线在承力索上用铜绑线绑扎，直至弛度符合标准。

引线接地部分距离较小时，在支撑绝缘子金具处加装加长硬性支撑，增加绝缘距离。设备线夹损伤时，将损坏的设备线夹拆除，对新设备线夹内的毛刺进行清除，涂电力复合脂，重新安装。引线烧伤或断股时，比照原引线长度重新预制更换。

各连接部件螺栓若有松动，需按标准紧固力矩进行调整。避雷器本体裙边破损超过 300 mm^2、放电烧伤，本体两侧金属部件生锈、有放电痕迹时，需要更换避雷器，脏污的避雷器要清扫。

计数器泄漏电流超标、动作计数异常、本体损坏影响使用

图 4.30 避雷器引线

时，要及时更换。脱离器本体损坏或从高压侧脱扣时，也要及时更换。

接地线锈蚀时，用砂纸对其除锈，直至露出金属本色，然后涂防腐漆。接地电阻超标时，对接地线线夹、接地线进行除锈和螺栓紧固，若电阻值仍超标，对其进行降阻处理或增设接地极，直至电阻值合格。

分段绝缘器

当分段绝缘器高度不符合标准时，根据测量数据，确定调整方向和调整量，调整吊弦调节螺栓，使分段绝缘器达到标准高度。

当绝缘器与轨面连线不平行时，在顺线路方向：根据测量数据，确定调整方向和调整量，调整或更换分段绝缘器两侧吊弦，使分段绝缘器顺线路两端等高，最大误差不超过 10 mm。在垂直线路方向：根据测量数据，确定调整方向和调整量，调整两侧吊线调节螺栓，使分段绝缘器平面与其正下方的两轨顶连线平行。

绝缘器中心（顺线路方向）与受电弓中心偏移超过规定时，测量分段绝缘器两侧接头线夹处相对于线路中心的偏移值，绝缘器中心线与受电弓中心线距离超过规定时，可相应增大或减小定位拉出值。必须保证分段绝缘器位于线路中心，横向偏移不超过 100 mm。

对于负弛度的调整，根据测量数据，确定调整方向和调整量。若调整量较小，可调整吊弦上的调节螺栓；若调整量较大，可调整分段绝缘器与两端定位点间的吊弦，调整完成后必须保证分段绝缘器与两端定位点平滑过渡。

分段绝缘器发生拉弧、放电现象时，复测分段绝缘器拉出值、负弛度是否达标，分段绝缘器是否水平，如不符合要求，重新调整至标准值。轻微放电处要用砂纸进行打磨，放电严重的分段绝缘器要进行更换。分段绝缘器消弧角断裂时必须更换分段绝缘器本体。

分段绝缘器与接触线连接处过渡不平衡、有硬点时，应微调分段绝缘器的调整螺栓。用水平尺模拟受电弓，沿分相绝缘器滑行，检查过渡是否平滑；严重磨损时要及时更换。

【知识链接】变电站巡检机器人的发展

2003 年，日本学者率先提出了变电站巡检机器人的研究方案并完成了实验室模拟实验；2005 年，美国学者研制了轨道式变电站巡检机器人，并在美国西部电力公司投入应用，有效实现了变电站电气设备的红外测温；随之又有学者提出了一种导航系统，能为变电站设备巡检机器人提供连续、实时、较高精度的导航定位。随着技术的发展，在巡检机器人上应用仿人立体视觉技术来提升变电设备状态监控的智能化程度，也成为巡检机器人的一个发展方向。

我国起步较晚，2007 年出现了变电站巡检机器人的研究报道，随后研发了嵌入式系统的巡检机器人、巡检机器人云台控制系统等。针对变电站巡检机器人，国家电网公司也成立了电力机器人重点实验室，将机器人产品服务于电力生产。经过多年的探索，国内目前在变电站机器人设备巡检研发领域取得了长足的进展，并积累了许多宝贵经验。

【知识链接】巡线机器人的发展及现状

巡线机器人研究始于20世纪80年代末，近年来成为热点。加拿大、中国、日本、韩国、美国的研究处于领先地位。目前突破了一系列关键技术（机构、控制、通信、绝缘、电磁兼容等），研制出了多种类型的样机，并开展了带电检测与维护作业的实验。

对于架空输电线路巡线作业机器人的研究，主要集中在日本、美国、加拿大、韩国等国。我国巡线机器人的研究主要集中在高校和研究院：沈阳自动化研究院在2006年研制了高压线路巡检机器人系统，山东科技大学在2011年研制了巡检机器人，西安交通大学2012年设计了三臂式巡线机器人，山东电力研究院2012年研制出用于多分裂线路巡检的巡线机器人样机。

第五章

外部环境灾害防护
——牵引供电系统的保护伞

一、防异物侵限措施

二、防鸟害措施

三、防冰雪冻灾害措施

四、防危树措施

五、防洪措施

六、防强风措施

七、防锈蚀措施

八、防污闪措施

随着社会的飞速发展，高铁已经走进了越来越多人的生活。近年来高速铁路的迅猛发展让全国各大城市和地区都相继通了高铁，给人们带来了诸多方便。可以说高铁已经融入人们的生活体系，成为与人们日常生活息息相关的一部分。与此同时，人们对于高铁安全性的忧虑也日渐增多，特别是对供电系统方面的忧虑，更是困扰着很多普通群众。尤其是接触网，自然环境下绝大部分裸露在外部环境中，如果缺少相应的防护措施或者防护措施没有起到预期的效果，将会在很大程度上对高速铁路的正常运营带来不利影响。

采取有效的防护措施防治外部环境，可以提高牵引供电系统的运行品质，对安全生产有积极的意义。具体的防治内容有：防异物侵限、防鸟害、防雷、防冰雪冻灾害、防危树、防洪、防强风、防锈蚀、防污闪等。其中防雷相关内容已在前面章节中有了详尽的介绍，本章主要介绍其他外部环境灾害的防治措施。

一、防异物侵限措施

异物侵限是指，铁路设施以外的达到一定质量和体积的固体因为外力作用，闯入了铁路线路，对铁路线路和列车行车安全造成威胁。由于异物侵限具有发生不可预测性和巨大的破坏性，列车行驶速度一旦达 200 km/h 以上，即使是较小事故也很可能造成重大的影响，从而严重危害国家财产和旅客生命安全。

近年来，高速铁路异物侵限事故时有发生。2012 年 8 月 9 日，沪杭高铁嘉兴南—桐乡段一块大型广告布侵袭接触网，动车组通过时接触网上的广告布与受电弓相绞，引发接触网打弓故障，造成接触网 2 支定位器及 10 根吊弦损坏，影响动车组正常运行。2017 年 7 月 3 日 1 时 53 分，京沪高铁昆山南—黄

图 5.1　高速铁路异物侵限

渡线路所区间，距离沪宁城际铁路线约 30 多米的广告牌，在大风暴雨强对流天气情况下被吹断，广告布飘落到接触网上，影响列车运行。2017 年 7 月 3 日，昆山南京沪场—黄渡线路所间距离沪宁城际铁路线外侧 70 多米的广告牌，在凌晨大风暴雨强对流天气情况下被吹断，广告布飘落到接触网支柱上，苏州维管段触动抢修人员及时处理，未影响行车。类似的异物侵限事故还有很多，为了应对异物侵限，相关部门出台了相应的预防措施，同时对侵限的异物也制定了相应的处理流程。

为了应对异物侵限问题，可采取的措施有：

全面梳理沿线 30 m 范围内相对固定的异物源，如塑料大棚、简易彩钢瓦房屋、邻近广告布、邻近施工场地、邻近的树木遮阳布等在大风作用下可能侵入接触网的异物源，按照工区、车间及供电段三个层面建立专项的台账，动态管理，确保异物源处于可控状态。还要加强对沿线工厂、居民及施工单位的宣传工作，解释清楚异物对铁路运输的影响，广泛提升沿线居民、施工单位对保护铁路的安全意识。

同时要建立良好的信息渠道，确保信息互通，一旦对方设备有异常应第一时间告知供电段或车站。积极协调相关单位及个人，有条件的尽可能将异物源进行拆除或迁移，必要时函告对方或地方政府，力争将固定异物源的数量降至最低，从源头上消除安全隐患。

各相关单位应将沿线固定异物源纳入日常巡视及添乘检查的范畴，在大风季节有针对性地对固定异物源进行加密巡视检查，发现问题及时处理，将异物源对铁路供电设施的影响范围降至最低。在春节、国庆节等小长假期间，工区要结合对固定异物源巡视检查，同时要加强对流动性异物的盯控。在巡视检查过程中发现有流动性异物向铁路飘来时，要时刻监控流动性异物的漂流动向，直至异物离开铁路 10 m 后方可离开。

此外，还要针对异物侵限的特点细化应急预案，优化应急处置组织模式，特别是对异物处理过程中的安全防范措施要进行重点研究，同时加强日常应急演练工作，提升职工的应急处置能力，确保一旦发生侵限时要力争在最短的时间内进行处理，减少对运输秩序的干扰。

路局供电调度员接到接触网挂有异物的信息后，立即将相关异物信息通知给对应的设备管理单位及接触网工区，并要求出动应急处理。应急处理流程如图5.2所示。

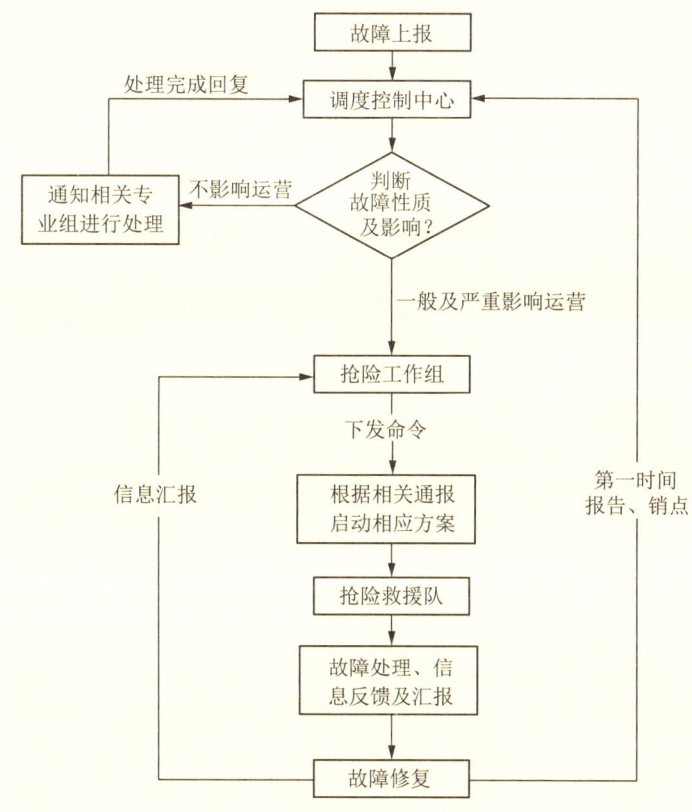

图 5.2 异物侵限应急处理流程

接触网工区接到应急处理的通知后应立即向本单位生产调度汇报，同时根据路局供电调度通知的异物信息立即组织抢修组人员携带必要的抢修工具、材料及有关作业票据赶赴故障地点及就近车站，出发时接触网工区抢修负责人向路局供电调度员及本单位生产调度汇报抢修队伍已经出发。在路局调度所设有驻所联络员的单位，由驻所联络员在路局调度所执行相关职能，以提高异物处置效率。若需要出动轨道车或搭乘动车组前往故障地点抢修，应提前向路局供电调度申请。

设备管理单位生产调度接到应急处理的信息后，立即通知主管领导及值班领导，值班领导接到信息后立即赶赴生产调度指导现场抢修。

驻站（所）联络员到达车站行车室（路局调度所）、抢修组成员到达故障点附近后，应立即向路局供电调度员汇报。

抢修组成员对现场进行巡视检查，确认异物影响范围并提出抢修的建议方案，报路局供电调度员、单位生产调度，同时联系驻站（所）联络员确定抢修方案需要办理的相关登记、要令手续。路局供电调度员根据现场情况和行车组织情况，及时联系路局列车调度员，确定抢修方案。单位生产调度及值班领导对应急处置的技术方案和安全措施进行指导、把关。

驻站联络员根据现场反馈的条件（气候、温湿度、异物情况）及抢修方案向路局供电调度员提出相关抢修处理申请，具体如下：

若异物不影响行车安全的，可暂不处理，待后续天窗进行处理。若具备执行"V"形停电作业条件的，申请"V"停并同时申请本线封锁且邻线限速 160 km/h 及以下，若涉及穿越邻线的，还应申请邻线短时封锁。若不具备执行"V"形停电作业条件的，申请垂停作业，若涉及穿越邻线的，还应申请邻线短时封锁。

路局供电调度员、列车调度员根据现场申请合理安排作业，并根据实际条件下达作业命令（间接带电作业命令或停电作业命令）及线路封锁命令。若不具备间接带电作业和停电作业条件时，供电调度员要求现场确认是否具备降弓通过条件。若具备降弓通过条件，由驻站（所）联络员登记降弓通过；若不具备降弓通过条件，由驻站（所）联络员登记封锁线路。

待停电命令（或间接带电作业命令）和封锁命令均下达

后，抢修组成员上线处理。采用间接带电作业方式处理接触网异物时，要严格执行有关安全规定。供电调度员在发布间接带电作业命令前，要撤除本线和相邻线路馈线重合闸。

现场抢修作业完毕，且人员、机具撤离至安全地带后，由驻站联络员消令。

二、防鸟害措施

鸟类繁衍期间若在接触网上筑巢将造成绝缘设备短接，影响正常供电，此种现象称之为鸟害。鸟害具有明显的区域、时间、位置差异。因高速铁路高架桥较多，沿线开阔、阳光充足，适合鸟类筑巢。

图 5.3　接触网鸟害

根据鸟巢搭建处所对供电安全的危害程度，对鸟害管理执行分级管理，划分为 A、B、C 三级。A 级：鸟巢距带电设备小于 500 mm 或正在搭建过程中小于 1 000 mm，需立即申请天窗进行处理。B 级：鸟巢距带电设备在 500 ~ 2 000 mm 范围内，必须在当日天窗或临时天窗处理，不影响供电设备安全时可在 3 天内处理。C 级：鸟巢距带电设备在 2 000 mm 以外，对供电安全没有影响，可加强观测，原则上在三天内处理完毕。特殊情况经确认对供电设备无安全影响的可延长处理时间，结合日常检修天窗同步处理。

鸟害防治工作坚持人防、技防相结合的原则，积极引入视觉驱鸟、声音驱鸟和物理驱鸟等方法，科学选用化学驱鸟方法，有条件的采用多种驱鸟方法相结合的混合驱鸟方式。根据历年使用的驱鸟器、驱鸟剂效果和经验，补强技防措施，探索采用硬横梁防鸟网、绝缘子增爬裙、绝缘子防鸟罩等防止鸟类搭建鸟巢，防止鸟巢中的树枝伸到带电设备。同时，要保证驱鸟器等防鸟设备状态良好，防止松脱侵入建筑限界，危及行车安全。

图 5.4　接触网驱鸟装置安装

此外，还要落实"鸟巢不过夜"的原则。各单位发现鸟巢时要第一时间汇报，对可能影响供电设备安全处所的鸟巢根据实际情况申请接触网停电或间接带电，同时以线路封锁的方式进行处理或派人看守至天窗时段处理。

严格坚持"鸟巢不过夜"的原则，对发现的鸟巢要申请临时天窗点或在当日天窗点内进行处理，及时消除安全隐患，并将处理结果上报上级部门。发现鸟巢危及供电安全的要立即申请进行处置，暂不危及安全的申请临时天窗进行处置，对于不可能影响供电设备运行的鸟巢，可暂不处理。

最后，要充分发挥应急指挥中心的指导作用。发现鸟巢申请处置时，供电段应急指挥中心要充分发挥"安全把关、技术支持"的作用，根据现场照片等信息确定采取停电作业还是间接带电作业方式，指导处置过程中防车辆伤害、防触电伤害等安全措施，坚决杜绝无线路封锁命令、无电调作业命令进行清除鸟巢作业。

三、防冰雪冻灾害措施

对于处在寒冷地区的线路，冬季的冰雪冻灾害对接触网系统的影响很大。2010 年 2 月，中国东北地区出现雨雪冰灾害天气，造成沈山线、秦沈线、沈大线等铁路接触网挂凌、受电弓受损；同年 1 月，受风雪和大风天气影响，济南铁路局焦济客运专线昌邑至胶州间约 40 km 处接触网局部结冰，同时发生接触线索积冰舞动，接触线摆动超过安全允许范围，导致停电 155 min，部分列车停运或晚点。2011 年 1 月，中国南部地区贵州、湖南等十几个省发生罕见大雪灾并持续多日下冻雨，造成铁路供电大面积中断，接触网受损，列车大面积地晚点、停运。

冰雪冻等自然灾害对接触网系统造成的破坏：覆冰可能会导致接触网过负载，线路实际覆冰超过设计的最大覆冰厚度，线路覆冰重量增加，覆冰后风压面积增大，可能会导致线索拉断、金具损坏、绝缘子串翻转、支柱倒塌等机械事故的发生。不均匀覆冰在受风状态下可能会导致接触网自激振荡和风舞，进而导致相间或对地闪络、金具损坏、倒杆、导线折断、跳闸停电等严重事故。同时，如接触线舞动超出受电弓的工作范围，则会出现脱弓、刮弓等弓网事故。绝缘子覆冰过多或被冰凌桥接，会使其电气性能降低，泄漏距离缩短，造成绝缘闪络。

一旦发生以上破坏，接触网设备可能损毁造成断电事故，致使列车无法运行，铁路运输中断。

为了防治冰雪冻灾害，接触网在设计阶段就要有防冰雪设计，接触网支柱容量在计算时要考虑冰雪覆盖时的荷载，避免冰雪覆盖时支柱倾覆。附加导线上要设置防振鞭，避免导线发生舞动而导致断线事故发生。冰雪严重地区，可考虑在变电所设置交流融冰装置或移动式直流融冰装置。融冰装置主要由开关柜、电抗器、整流器及控制保护系统等部分组成。

在接触网系统的日常运营中，也要做好相应的防冰冻灾害工作，主要是通过技术手段降低低温天气下冰雪对接触网安全可靠供电的干扰，目的是防止（清除）接触网设备覆冰和防止（清除）外部冰凌短接设备。主要的防治措施有：根据历年接触网覆冰情况采取相应的融冰措施。提前全面检查防冰冻灾害应急物资、除冰工具等是否配备齐全、状态良好。加强接触网覆冰情况的监测，发现有覆冰趋势时立即汇报路局调度所，由路局调度所按照规定启动应急预案。

还要加强上跨构筑物渗漏水点的监督管理。发现上跨构筑

图 5.5 移动式电蒸汽融冰装置

物结冰后，及时通知铁路监管单位停电后进行封堵等处理，防止再次结冰威胁供电安全。加强转角、高差较大处的附加线的检查，因为在雨雪冰冻恶劣天气时，接触网线索收缩量较大，供电线、AF 线、加强线、避雷线等附加线转角大、弛度较小的地方因为受力增大就容易发生附加线绝缘子翻转或断裂。在寒潮天气里加强巡视，发现问题及时汇报路局供电调度员，申请停电处理，对于尚不影响安全的问题可利用天窗点进行处理。

同时还要加强接触网线索状态检查。巡视接引到接触网上的各类引线是否过紧、中锚绳是否松弛、吊弦是否纵向偏移、腕臂和定位器是否偏转、补偿装置 A 值是否偏小、下锚绝缘子是否错位、AF 线绝缘子受力偏转是否过大等，及时发现可能因引线弛度不足、锚段偏移、补偿卡滞、AF 线转角（高差）过大等引发的设备缺陷，分析问题原因，消除安全隐患。

四、防危树措施

沿线树木如果不能有效管理，树木枝杈侵入接触网安全界限会严重影响正常供电，树木倒伏后可能会侵入限界或侵入接触网安全距离，有些树木还可能通过受电弓或电动车组车顶电气设备造成接触网接地。

接触网危树处置工作应纳入接触网天窗修计划进行。各工区应配备危树处置设备，结合设备停电检修计划安排危树处置计划，开展危树处置工作。铁路产权的营业线树木，要及时函告铁路林管单位处理，供电单位做好积极配合。非铁路产权的营业线树木，要及时函告铁路林管单位与地方产权单位，与林管单位共同处理。新线开通前，各单位在提前介入过程中要做好同步调查，作为静态验收的缺陷并提前书面函告建设单位妥善安排处理。

危树处理包括修枝、去冠、加固、截杆、移栽、伐除等多

种方法。应该结合现场实际合理采用处理方式。对倒伏后会影响接触网设备的高大树木，暂时处理不了的，要采取防倾倒的加固措施，并加强日常设备巡视，确保树木不侵入供电设备安全距离。

接触网危树处理应安排在停电封锁天窗点内进行，处理方案应根据具体情况合理选择。遇大风、雷雨、大雾等恶劣天气，一般不进行树木砍伐作业。

五、防洪措施

处于洪涝灾害严重地区的高速铁路，汛期危险地段的设备、设施可能会受到洪水的冲击，接触网、供电线支柱基础、拉线基础、电缆沟槽等重点部位可能会因洪水而受到破坏，影响牵引供电系统的可靠性。

因此，汛期前要对防洪区段内的支柱基础破损及塌陷、低洼积水、洪水泥石流冲刷、山体滑坡落石、高路堑危及供电设施安全风险进行排查与整治。对所辖区段影响接触网的安全隐患提前做好调查，建立详实的台账。对于牵引供电系统的防洪，要树立全员科学防洪的指导思想，坚持"安全第一、预防为主、综合整治"的指导方针，实行领导负责制，全体人员责任到人，各司其职、各负其责。对新开通线路、以往发生过水害的地方，要作为重点目标进行隐患排查。

比如，要做好汛前防汛准备，细化完善抢险预案，及时开展演练，提前备足抢险料具。每年汛前开展防洪检查，全面排查汛期可能存在隐患的供电设备，对检查中发现的问题详细记录。检查结束后进行总结，对检查出的问题进行统计，未整改销号的应进行跟踪管理，直至销号，并及时报技术科备案。对于汛前排查出的隐患，能整治的要及时整治，一时无法整治的要制定加固与度汛措施。

此外，还要建立降雨量（洪水位）警戒、防洪预警防范制度，对降雨量警戒信息、防洪预警等级等进行分类，根据发布的灾害性天气预警，对管内防洪风险源点进行检查。做好"四位一体"设备检查制度和雨后设备运行检查制度。

根据降雨量的情况，降雨量警戒值被分为三级，即出巡警戒值、限速警戒值和封锁警戒值。

出巡警戒值：可能发生影响供电设备稳定及正常行车的水害，包括注意警戒值和危急警戒值。

限速警戒值：降雨强度大、易发生影响供电设备稳定及正常行车的水害。

封锁警戒值：降雨强度大，极可能发生影响供电设备稳定及正常行车的水害。

防洪地点按Ⅰ级、Ⅱ级和Ⅲ级进行划分。

Ⅰ级防洪地点：一年四季均可能发生灾害，但汛期发生的可能性更大，一旦发生将严重危及供电设备和行车安全的隐患地点，如重度危岩、严重陷穴、大型滑坡等地段。

Ⅱ级防洪地点：设备质量存在一定程度的病害，或周边环境影响比较恶劣，在汛期降雨过程中及降雨后一段时间内均可能发生水害，一旦发生将危及供电设备和行车安全的隐患地点，如排水不良、边坡支护不足以及边坡支挡设施质量存在隐患等地段。

Ⅲ级防洪地点：虽无明显病害特征，但雨季在较强降雨等诱发下仍可能产生危及供电设备和行车安全的隐患地点。

六、防强风措施

强风天气时，接触网可能会随风舞动，振幅过大时就会引发供电故障，严重时还会造成列车停运。例如，2011年7月10日，京沪高铁滕州段出现九级大风雷雨天气，大风造成附加导线强烈摆动，特别是跨中摆幅大，摆动过程中造成靠近雨棚柱侧导线与雨棚柱间绝缘距离不足，附加导线对跨中雨

棚柱放电，烧断了靠近雨棚柱侧的附加导线，导致供电系统故障。

因此强风天气下接触网舞动时，要采取一定的应对措施来保证行车安全。

接到接触网舞动报告后，接触网专业技术人员及抢修作业人员要迅速赶赴现场查明情况，并严密注视灾情和列车运行状态，及时、准确地向路局供电调度员报告现场情况。

当接触网上下舞动量不超过 200 mm 或水平舞动量不超过 150 mm 时，可让动车组限速 45 km/h 通过舞动区段，并现场观察弓网运行情况。当接触网上下舞动量大于 200 mm 或左右舞动量大于 150 mm 时，可适时采取降弓通过舞动区段。因接触网舞动，导致接触网有明显缺陷，无法保证受电弓安全运行时，要立即停电进行处理。

对于强风的防治，首先要加强值班，超前防范。在强风天气下，密切关注风向及降雨预报，研判强风和降雨的影响范围（管内受台风七级风圈影响、预报日降雨量 100 mm 及以上）及影响区域的单位，在强风降雨影响期间应由党政主要领导轮流值班。加强工区值班力量，24 小时待命值班，高铁车站应急值守人员要坚守岗位，并根据路局调度命令，及时安排人员到其他车站应急值守。

应急指挥中心要加强应急管理，发挥抢修中"技术上支持、安全上把关"的作用，做好信息上传下达工作，及时将路局有关防台防洪命令下发到车间班组。同时加强与路局应急调度台、路局电调的信息沟通。抢修人员要保证通信畅通，确保快速出动、迅速到位，同时建立联动机制，增强应急处置能力。

对于风势和路径，也要严密关注。例如，可以指定专人负责收看天气预报，并利用电视、网络、电话等信息平台掌握风情、雨情，掌握动态、及时预警，将台风的影响降低到最低程度。

最后，还要突出重点，加强检查，尤其是关键重点区段更要进行添乘检查，发现异常或存在安全隐患的地方要及时通知有关单位处理。对于沿线的宣传横幅、塑料薄膜、临时工棚、彩钢瓦、板房等可能影响接触网安全的外部环境隐患，发现异常或存在安全隐患的要通知产权单位或建设单位立即拆除。对施工用的临时设备设施要进行全面检查和加固，防止被强风刮倒后危及行车和供电安全。对附挂在桥梁上的电力电缆槽盖板、接触网支柱附挂电缆护管等设备设施也要检查和加固，防止它们被吹落在线路上影响行车安全。对供电专业管辖的变（配）电所（亭）的避雷针、电力变（配）电所内的通信铁塔、投光灯紧固状态进行确认，必要时加装拉线，防止垮塌到铁路或供电设备上。

七、防锈蚀措施

锈蚀是一种常见的现象，其危害程度非常大，具有隐蔽性和突发性，一旦发生事故，后果非常严重。做好供电系统的防锈蚀工作，也是牵引供电的重要一环。

供电部件的防锈蚀，首先要从源头做起，建立零部件生产厂商信誉评价制度，严格部件监测措施。各设备管理单位应加强《供电设备运行质量报告》的管理，坚决杜绝违规出具《供电设备运行质量报告》。对不合格或产品出现锈蚀问题的生产厂商纳入黑名单，严格控制其产品再次上网运行。

其次，要加强运营铁路不锈钢零部件检验。各单位要组织对已运营铁路不锈钢零部件的质量鉴定工作，对其外观、化学成分及机械性能等进行检验，根据送检报告确定该区段不锈钢材质零部件质量状况。不合格批次的不锈钢零部件全部更换。

还要加强在建铁路不锈钢零部件的质量控制。把不锈钢零部件质量控制作为前期介入工作的重要环节，督促施工单位按

规定对进场的不锈钢零部件进行抽样送检，送检合格后，方可进行安装施工。把不锈钢零部件质量验收作为静态验收工作的重要内容之一，要把不锈钢零部件检测报告作为验收资料长期保存，静态验收中发现锈蚀、断裂等问题时，要及时送检，根据送检报告分析同批次的质量状况，坚决杜绝不合格产品投入运营。

最后还要加强部件检查。严格执行年度、月度检修计划，提高检修质量，落实记名检修制度。对烧伤、变形、锈蚀、腐蚀、裂痕、麻点、变色、砂眼、鼓包、异常磨痕等不良状态本着不查清楚绝不放过的原则，指导现场开展检查工作，并立即更换，切实提高检查质量。发现部件锈蚀情况要及时除锈或更换（不锈钢零部件锈蚀的要及时更换），并对锈蚀部件送检。检测报告分析为质量原因的，要在同批次产品中扩大范围送检；若送检合格率不符合要求，要及时对同批次产品进行更换。

八、防污闪措施

所谓污闪是指电气设备绝缘表面附着的污秽物在潮湿条件下，其可溶物质逐渐溶于水，在绝缘表面形成一层导电膜，使绝缘子的绝缘水平大大降低，在电力场作用下出现的强烈放电现象。

接触网露天设置，长期运行在各种不同的复杂自然环境中，绝缘子长期露天运行，自然界的空气灰尘、各种工业污染物、沿海地区的盐碱等均会附着在绝缘子的表面，在多雨和潮湿的环境下，会使绝缘子表面导电率增加，使其在工频电压下发生闪络，电压急剧下降。此时往往会造成大面积停电，对供电产生较大的影响，严重时会造成较长时间的运输中断。

为了方便治理污闪，将污染区划分为三个等级：严重污染区段、重污染区段、一般污染区段。

严重污染区段：要考虑位于大气污染特别严重的地区，如钢铁厂、水泥厂、发电厂、化工厂、煤场附近，距海岸 1 km 以内或附盐密度达 0.3 mg/cm^2（年积污量）的地区。

重污染区段：主要考虑大气中等及严重污染地区、工业粉尘污染地区、盐碱污染地区、沿海岸线 50 km 以内的地区、潮湿多雾地区等，或附盐密度在 0.1～0.3 mg/cm^2（年积污量）的地区。

一般污染区段：大气污染程度较轻的地区、农业区、山区，以及距离海岸 50 km 以上或附盐密度小于 0.1 mg/cm^2（年积污量）的地区。

对于污闪的防治，各单位应建立绝缘部件闪络台账，及时安排对闪络绝缘部件的检查，必要时进行更换。有机绝缘部件实行寿命管理。

对于接触网绝缘部件可建立监测、检测体系。在重污染区段建立绝缘部件监测领示点，利用绝缘子放电侦测仪、附盐密度测试仪、电压分布测量仪等测量仪器综合掌握绝缘部件的运行状态。未建立绝缘部件监测领示点的重污染区段，每月抽样进行一次附盐密度测试；绝缘部件的清扫周期按照污秽等级的不同，依据相关规定执行。建立绝缘部件监测领示点的区段，接触网绝缘子泄漏电流小于安全值的区段应适时组织清扫，大于安全值的区段须立即组织进行清扫。绝缘清扫应纳入年度检修计划，计划中应明确清扫周期、时间、方式和区段。绝缘清扫要结合当地实际情况，在雾霾季节前完成，还要采用先进、高效的清扫装置，保证清扫质量，提高清扫效率。

此外，还要坚持机供、辆供联控制度，形成绝缘综合治理防控机制。将绝缘整治作为机供、辆供联控工作重点，加强专业间信息沟通，提高绝缘闪络后抢修处置效率。运行 20 年以上的瓷质绝缘子每年按运行数量的 2‰ 委托有资质的检测机构

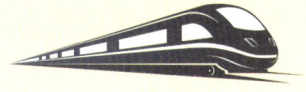

进行电气、机械试验，根据试验结果确定防范措施。平时还可以开展针对性应急演练，加强雾（污）闪故障应急处置的能力，遇有大雾等恶劣天气时加强值班和应急准备工作，以便一旦发生设备故障及时出动抢通线路。

【知识链接】维修天窗

"天窗"是指列车运行图中不铺画列车运行线或调整、抽减列车运行，为施工和维修作业预留的时间，按用途分为施工天窗和维修天窗。高速铁路天窗（施工和维修）原则上不应少于240分钟，维修天窗在时间安排上应与施工天窗重叠套用，除春运、节假日及调度命令停止外，原则上每月每区间不应少于20次（双线为单方向）。

为了保证行车安全，高速铁路运行图一般在夜间设置5～6小时的综合维修天窗，对线路、通信信号和供电设备进行综合维修。高速铁路一般都不采用"V"形天窗，而采用在规定时间段统一停电维修的天窗设置方式，其天窗时间在运行图上呈垂直形，俗称"垂直形天窗"。

【知识链接】直流融冰装置工作原理

直流融冰主要是通过对输电线路施加直流电压并在输电线路末端进行短路，使导线发热对输电线路进行融冰，从而避免线路因结冰而倒杆断线。移动式直流融冰装置采用车载设备移动式布置，由整流变压器车和移动融冰车构成。使用时从外部提供高压交流电源，通过降压变压器、整流装置、自动控制装置后，对输电线路施加直流电压并在输电线路末端进行短路，促使导线发热融化线路覆冰，从而避免因结冰而倒杆断线。移动直流融冰装置在工作时，系统平稳地向高压电网持续输送直流大电流，输电线路温度渐渐升高，导线上的冰层不断融化，直至全部脱落。

【知识链接】机供、辆供联控

指电气化铁路区段机务与供电专业、车辆与供电专业形成安全联控网络,联合控制受电弓、接触网设备质量。各专业各司其职,信息共享、相互配合,以保证受电弓和接触网设备的安全运行,有效控制弓网事故发生。

参考文献

[1] 张恺伦.电力系统中典型扰动性负荷的电能质量影响研究[D].浙江大学,2013.

[2] 陈宏伟.高速铁路牵引供电品质研究[D].浙江大学,2012.

[3] 李亚楠.电气化铁路牵引供电容量优化的研究[D].西南交通大学,2013.

[4] 朱毅.牵引供电系统与外电源适配性研究[D].西南交通大学,2016.

[5] 张平.我国高速铁路牵引供电 SCADA 系统的分析与探讨[J].铁道建筑技术,2010(04):72—74.

[6] 张平,赵兴东.我国高速铁路牵引供电综合自动化系统分析[J].铁路技术创新,2011(01):31—34.

[7] 涂畅辉.高速铁路 AT 牵引供电系统雷击过电压研究[D].华东交通大学,2016.

[8] 丁丽娜.高速铁路供电系统保护配置[D].西南交通大学,2005.

[9] 罗杰.既有高铁组合式同相供电改造方案研究[D].西南交通大学,2017.

[10] 唐骥.高速铁路牵引供电系统电能质量分析[D].郑州大学,2016.

[11] 魏巍.含综合地线的牵引供电系统建模与仿真[D].西南交通大学,2017.

[12] 高峰.高速铁路牵引供电系统雷击选择性的影响因素研究[D].西南交通大学,2013.

[13] 周利军,高峰,李瑞芳,等.高速铁路牵引供电系统雷电防护体系[J].高电压技术,2013,39(2):399—406.

[14] 赵文龙.同相供电系统可靠性研究[D].西南交通大学,2013.

[15] 万庆祝.牵引供电系统负序问题研究[D].清华大学,2008.

[16] 高仕斌.高速铁路牵引供电系统新型保护原理研究[D].西南交通大学,2004.

[17] 刘如虎.铁路牵引供电系统"养修分离"维修模式的探讨[J].现代城市轨道交通,2009(04):49—50,53.

[18] 綮浩亮. 论高速铁路牵引供电系统的运营和维护［J］. 铁路工程造价管理, 2015, 30 (04): 20—22.

[19] 梁济民. 既有线接触网接地技术研究及改造设计［D］. 西南交通大学, 2014.

[20] 刘淑萍. 高速铁路牵引供电系统继电保护研究［D］. 西南交通大学, 2015.

[21] 李倩. 高速铁路牵引变压器供电能力分析研究［D］. 石家庄铁道大学, 2015.

[22] 尹磊, 陈纪纲. 高速铁路牵引变电所三变压器接线方案研究［J］. 电气化铁道, 2017 (01): 1—4.

[23] 吕青松. 接触网波动特性及其传播规律研究［D］. 西南交通大学, 2015.

[24] 李夫忠. 接触网波动特性及提高波速利用率途径的研究［D］. 西南交通大学, 2012.

[25] 吴广宁. 高速铁路牵引变电所综合接地系统的发展［A］. 中国铁道学会电气化委员会. 中国铁道学会电气化委员会2006年学术会议论文集［C］. 中国铁道学会电气化委员会, 2006: 4.

[26] 王海洋, 刘伟, 尹计衡. 高速铁路接触网防雷接地研究［J］. 城市建设理论研究, 2017 (03): 172—173.

[27] 吴焕勤, 丁望. 滚球法确定接闪器保护范围的几何分析［J］. 现代建筑电气, 2010, 1 (09): 29—34.

[28] 邵立, 王国梁, 白裔峰. 高速铁路接触网防雷措施及建议［J］. 铁道工程学报, 2012, 29 (10): 80—83.

[29] 王海姣. 高铁牵引变电所的防雷保护研究［D］. 北京交通大学, 2014.

[30] 程宏波, 何正友, 胡海涛, 等. 高速铁路牵引供电系统雷电灾害风险评估及预警［J］. 铁道学报, 2013, 35 (5): 21—26.

[31] 李群湛. 论新一代牵引供电系统及其关键技术［J］. 西南交通大学学报, 2014, 49 (4): 559—568.

[32] 李群湛. 电气化铁路同相供电技术发展及应用［A］. 四川省科学技术协会、德阳市人民政府. 第七届四川省博士专家论坛论文集［C］. 四川省科学技术协会、德阳市人民政府, 2014: 6.

[33] 吴萍. 电气化铁路同相供电技术研究［D］. 西南交通大学, 2008.

[34] 左晓薇. 电气化铁道同相供电系统的研究［D］. 兰州交通大学, 2013.

[35] 赵彦灵. 电气化铁路同相供电装置关键技术研究［D］. 西南交通大学, 2012.

［36］黎亮.电气化铁路供电电源电压等级的研究［D］.西南交通大学，2007.
［37］李群湛，连级三，高仕斌.高速铁路电气化工程.成都：西南交通大学出版社，2006.
［38］蒋先国.高速铁路四电系统集成.成都：西南交通大学出版社，2010.
［39］韩宝明，李学伟.高速铁路概论.北京：北京交通大学出版社，2008.
［40］于万聚.高速电气化铁路接触网.成都：西南交通大学出版社，2003.
［41］佟立本.高速铁路概论.北京：中国铁道出版社，2012.
［42］王勋.电气化铁道概论.北京：中国铁道出版社，2009.
［43］于坤山.电气化铁路供电与电能质量.北京：中国电力出版社，2010.
［44］朱颖.高速铁路建造技术（设计卷·下）.北京：中国铁道出版社，2015.